Frank Richter

Gehört Sachsen noch zu Deutschland?

Spätestens seit den Pegida-Aufmärschen und den Exzessen von Heidenau, Freital und Chemnitz hat sich das Bild von Sachsen über die deutschen Grenzen hinaus verdunkelt. Statt an Frauenkirche, Friedliche Revolution und Gemütlichkeit denken viele jetzt an Rassismus, Fremdenfeindlichkeit und Rechtsextremismus. Der Freistaat ist zum Synonym für die Zerrissenheit der deutschen Gesellschaft geworden. Wofür steht der Ruf »Wir sind das Volk!« im Jahr 2019? Droht die Abkehr der Bürger von der Demokratie?

Der engagierte Bürgerrechtler und Theologe Frank Richter führte 2018 einen spektakulären Wahlkampf um das Amt des Oberbürgermeisters in Meißen. Aus eigener Erfahrung berichtet er über eine beunruhigende Entwicklung, welche die politische Landschaft der Bundesrepublik tiefgreifender verändern kann, als wir ahnen.

Frank Richter, geb. 1960 in Meißen, ist Theologe und wurde während der Friedlichen Revolution 1989/90 als Mitbegründer der Gruppe der 20 landesweit bekannt. Über 25 Jahre war er Mitglied der CDU, bevor er 2017 aus Protest gegen die sächsische Landespolitik die Partei verließ. 2018 kandidierte er für das Amt des Oberbürgermeisters in Meißen, bei der er als Parteiloser nur knapp dem Kandidaten der CDU unterlag.

FRANK RICHTER

Gehört Sachsen noch zu Deutschland?

Meine Erfahrungen in einer
fragilen Demokratie

Ullstein

Inhalt

Wo liegt Sachsen?

Es war Mitte der 70er-Jahre. Noch gab es die DDR. Ihre Existenz schien auf ewig gesichert, der Ostblock unerschütterlich und mächtig. Die Deutsche Demokratische Republik war der westlichste Vasallenstaat der UdSSR in Europa. Zwischen 300 000 und 500 000 sowjetische Soldaten waren in dem kleinen Land stationiert. Die Wirtschaft der DDR hatte diese Waffenbrüder und sozialistischen Freunde, wie sie offiziell genannt wurden, mitzuversorgen. Hinter vorgehaltener Hand bezeichnete man sie als Besatzer. Wer ihnen im Alltag begegnete, traf auf Menschen, die fernab ihrer Heimat zurechtzukommen versuchten, auf baldige Rückkehr warteten und für jedes persönliche Wort dankbar waren.

In meiner sächsischen Heimatstadt gab es eine große sowjetische Garnison. Meine Mutter arbeitete in einer Einrichtung, die dafür zuständig war, verschiedene Erzeugnisse der Landwirtschaftlichen Produktionsgenossenschaften an die Militärs abzugeben, in erster Linie Eier und Fleisch. Wenn sie von den russischen Offiziersfrauen sprach, denen sie regelmäßig im Büro begegnete, wurde ihre Stimme weich. »Im Grunde leiden die unter ihrem Staat genauso wie wir unter unserem«, hörte ich sie sagen.

Was die Ablehnung »der Russen« als Besatzer und den Charakter der DDR als kommunistische Diktatur von Moskaus Gnaden betraf, bestand in meinem Elternhaus nicht der geringste Zweifel. Ebenso stark war jedoch das Bemühen meiner Eltern, mich zu lehren, die Menschen hinter dem politischen System zu sehen und zu verstehen. Menschen ihrer Herkunft oder Funktion wegen auszugrenzen kam nicht infrage.

Viele Russen waren gläubige Christen. Sie durften das aber nicht zu erkennen geben. Religion und Kommunismus passten offiziell nicht zusammen, schienen vielmehr wie Hund und Katze. Meiner Mutter allerdings erzählten die Russinnen von ihrer Religion. Sie, eine gläubige Katholikin, fand das ausgesprochen sympathisch. Einige der in meiner Heimatstadt stationierten Militärangehörigen kamen aus Kasachstan und Usbekistan. Ich erfuhr davon bei einem Besuch in der Kaserne, der meiner Klasse kurz vor Schulabschluss und nur ein einziges Mal erlaubt worden war. Uns wurde hinter vorgehaltener Hand angedeutet, dass es sich bei den Kasachen und Usbeken um Muslime handelte. Es waren die ersten leibhaftigen Muslime meines Lebens. Auch sie durften sich nicht zu ihrer Religion bekennen.[1]

Schon als Jugendlicher wurde mir klar, dass es sich bei der deutschen Teilung um ein politisches Zwangsregime handelte, das vom sowjetischen Militär aufrechterhalten wurde und unter dem keineswegs nur die Deutschen zu leiden hatten. Mir wurde nach und nach bewusst, dass sich unter der Decke ideologischer Einheitlichkeit eine große Vielfalt verbarg. Würde das Regime verschwinden, würde sich der deutsche Teilstaat DDR gewiss auflösen und in Richtung Westen abwandern. Die DDR war deutsch und sie war ein Staat des Ostblocks. Land und Leute lebten in Nachbarschaft zu den Polen, Tschechen, Slowaken, Ungarn, Rumänen und Bulgaren. Diese Nachbarschaft war politisch aufgeladen. Ihr offizieller Name lautete Völkerfreundschaft. Zugleich war sie geografisch naheliegend und menschlich real. Sie begünstigte den kulturellen Austausch. Das pflichtgemäße Erlernen der russischen Sprache war mühsam, die Lektüre der großen Romanciers Dostojewski und Tolstoi in deutscher Sprache hingegen ein Genuss.

Ich habe gelernt, in der Ambivalenz meines persönlichen DDR-Daseins einen Erfahrungsreichtum zu erkennen. Mitten durch Deutschland verläuft die unsichtbare Grenze zwischen West- und Osteuropa. Für beide Seiten habe ich gute Gefühle entwickelt. Ich habe mich westlich orientiert und bleibe verwurzelt in einem Land, das von der Liberalisierung, Pluralisierung und Amerikanisierung nicht in gleichem Maß verändert wurde wie der Westen der Republik.

»Europa muss mit beiden Lungenflügeln atmen.« Diese Karol Wojtyla zugeschriebene Metapher[2] leuchtet mir ein. Die Vorliebe des Westens, den Einzelnen zum Ausgangspunkt politischer Überlegungen zu machen und das Gemeinwohl von ihm abzuleiten, ist mir sympathisch. Sie entspricht meinem Freiheitsdrang, den ich lange unterdrücken musste. Die Betonung der Individualität, die westliche Liberalität und die akzeptierte Pluralität der Lebensentwürfe faszinieren mich. Aber auch die Vorliebe des Ostens, der Gemeinschaft den Vorrang einzuräumen und das Wohl des Einzelnen in ihr aufgehoben zu wissen, ist mir vertraut. Sie ist nicht weniger wertvoll. Bei Umfragen in den neuen Bundesländern belegen Frieden, Zusammenhalt und Solidarität regelmäßig vordere Plätze. Es hat den Anschein, als reduzierten die Ostdeutschen ihre individuellen Ansprüche mit Verweis auf das gemeinschaftliche Ganze, noch bevor sie diese Ansprüche erhoben haben.

Beim Besuch orthodoxer Gottesdienste empfinde ich menschliche Wärme und Geborgenheit. Die Teilnehmer verhalten sich still, diszipliniert und rücksichtsvoll. Sie küssen die Ikone und verbeugen sich voreinander. Sie folgen den vorgegebenen Regeln, tauchen ein in die Liturgie und scheinen sich selbst zu vergessen. Darf ich ihnen unterstellen, devot oder bigott zu sein? Nein.

Genauso wenig, wie man die westliche Lebensart als Egoismus abqualifizieren sollte, darf man die östliche als Unterwürfigkeit diffamieren. Individualität und Sozialität sind die zwei Seiten der einen Medaille menschlichen Daseins. Es handelt sich bei ihnen um verschiedene Ansätze des Denkens und Empfindens. Erst wenn man diese Ansätze auf die Spitze treibt und verabsolutiert, werden sie gefährlich. Die Frage, ob es gefährlicher ist, einen Egomanen an der Spitze des Staates zu haben oder einen autoritären Führer, ist schwer zu beantworten. Trump oder Putin? Mich stößt der eine genauso ab wie der andere, da beide nicht die Werte des Humanismus und der Aufklärung vertreten, auf denen das moderne Europa gegründet ist.

Die kulturellen Unterschiede und die Konflikte der großen Politik spiegeln sich in den kleinen Konflikten wider, die den Osten Deutschlands und Sachsen erschüttern. Viele Menschen im Westen sind irritiert. Ich aber lebe im Osten und habe große Sorge, dass die Neue Rechte politisch immer stärker wird und Einfluss bekommt auf die Regierungsbildung in Sachsen und weiteren Bundesländern. Auf der politischen Bühne herrscht Alarm. Ich möchte dazu beitragen, den Raum hinter der Bühne auszuleuchten und die Andersartigkeit des Ostens zu erklären. Was muss getan werden, um die Demokratie zu verteidigen?

Wie gesagt: Es war Mitte der 70er-Jahre. Ich lebte als Teenager bei meinen Eltern in der kleinen sächsischen Stadt Großenhain. Die DDR gehörte zu den vielen Staaten, die im Sommer 1975 die Schlussakte der Helsinki-Konferenz über Sicherheit und Zusammenarbeit in Europa unterschrieben hatten. Damit hatte sie sich verpflichtet, alle Menschenrechte und Grundfreiheiten zu gewährleisten. Reisefreiheit und die Freiheit der Wahl des eigenen Wohnorts gehörten dazu.

In der Folge dieses politischen Großereignisses nahm nicht nur die Zahl der Ausreiseanträge sprunghaft zu, die die Bürger der DDR stellten. Auch die Zahl der westlichen Automobile auf den Straßen der DDR stieg deutlich. Zum ersten Mal in meinem Leben sah ich Autos der Marken Mercedes, Renault und Fiat, von deren Existenz ich bisher nur gehört hatte. Bei der Familie eines Schulkameraden hatte sich Westbesuch angekündigt. Eines Tages erzählte mir der Mitschüler, dass sich die Verwandten aus dem südlichen Bayern auf den Straßen im östlichen Sachsen verirrt hatten. Sie waren zu weit gefahren und erst in der Nähe von Bautzen von der Autobahn abgebogen. Von da an trafen sie nur noch auf zweisprachige Wegweiser und Ortsschilder. Da sie keine Ahnung hatten, dass im Osten der DDR ein Teil des ursprünglichen Siedlungsgebiets der Sorben lag, gerieten sie in Panik. Wo befanden sie sich? Waren sie bereits in Polen oder gar auf russischem Militärgebiet? Das Sorbische ist eine slawische Sprache. Auch in der DDR galt sie in einigen Regionen als Amtssprache. Die Besucher aus dem Westen wussten das nicht. Ihnen fehlte im wahrsten Sinn des Wortes die Orientierung. Als sie nach langer Irrfahrt unbeschadet am Ziel angekommen waren, lautete ihre erste Frage: »Gehört Sachsen noch zu Deutschland?«

Ist Sachsen erst der Anfang?

»Der Islam gehört nicht zu Sachsen.«[3] Mit diesem Satz wurde Stanislaw Tillich (CDU), der damalige sächsische Ministerpräsident, am 25. Januar 2015 in der Tageszeitung *Die Welt* zitiert. Wörtlich hatte er gesagt: »Muslime sind in Deutschland willkommen und können ihre Religion ausüben. Das bedeutet aber nicht, dass der Islam zu Sachsen gehört.« Die Irritation war groß. Schließlich hatte Bundeskanzlerin Angela Merkel in ihrer Regierungserklärung wenige Tage zuvor, am 12. Januar 2015, Bundespräsident Christian Wulff ausdrücklich recht gegeben. Der hatte am 3. Oktober 2010 in seiner Rede zum 20. Jahrestag der deutschen Einheit erklärt: »Der Islam gehört zu Deutschland.«

Also was nun? Wenn der Islam zwar zu Deutschland gehört, nicht aber zu Sachsen, gehört folglich Sachsen nicht zu Deutschland, jedenfalls nicht so richtig? Stellt Sachsen eine eigenartige Teilmenge des Ganzen dar, die zumindest in den Augen kritischer Beobachter etwas sonderbar erscheinen muss?

Stanislaw Tillich wollte vermutlich um Verständnis für den Freistaat werben, der infolge der wöchentlich anschwellenden Pegida-Demonstrationen ins politische Abseits geraten war. Die »Patriotischen Europäer gegen die Islamisierung des Abendlandes« hatten international Schlagzeilen gemacht. Sie liefen zu Zehntausenden durch das nächtliche Dresden, skandierten »Wir sind das Volk«, attackierten Medienvertreter, schürten Ressentiments gegen den Islam, sangen Weihnachtslieder und forderten im selben Atemzug die Verschärfung des Asylrechts. Indem sich der Ministerpräsident öffentlich vom Islam distanzierte, sekundierte er den Organisatoren von Pegida.

Man bedenke: Als Sorbe ist Stanislaw Tillich selbst Mitglied einer Minderheit. Er ist Angehöriger des kleinen, auf deutschem Staatsgebiet siedelnden, mehrheitlich katholischen slawischen Volkes der Sorben. Gerade er, so hätte man meinen können, sollte besonders sensibel sein für die Gefahr verbaler Stigmatisierungen und Ausgrenzungen. So war im November 2014 berichtet worden, dass Neonazis sorbische Jugendliche beschimpft, angegriffen und sie aufgefordert hatten, »hier Deutsch zu sprechen«[4].

Es war Stanislaw Tillich damit nicht nur gelungen, die Kanzlerin zu brüskieren, er war sogar schneller als Horst Seehofer. Der Bundesminister des Inneren, Vorsitzender der CSU und ehemaliger Ministerpräsident des Freistaats Bayern wurde erst viel später, im März 2018, mit dem Satz zitiert: »Der Islam gehört nicht zu Deutschland.«[5] Man muss wissen: Die »Sächsische

Union« – so bezeichnet sich die CDU in Sachsen – hatte sich stets die bayerische CSU zum Vorbild genommen. Deren Rhetorik, Land und Partei so miteinander zu identifizieren, dass kein heimatverbundener Bayer auf die Idee kommen sollte, eine andere Partei zu wählen als die CSU, sollte auf Sachsen übertragen werden. Diese Rhetorik war erfolgreich und schien nachahmenswert. Ein Volk, ein Staat, eine Partei! Eine Haltung, die der bayerische Kabarettist Gerhard Polt treffend auf den Punkt brachte: »Wir brauchen keine Opposition, weil wir sind schon selber Demokraten.« Damit, so schien es, könnte man auch in Sachsen etwas anfangen.

Die alten Blockflöten[6] der DDR-CDU waren Vasallen der Staatspartei SED. Ihnen war die Attitüde ohnehin vertraut. Vielen neuen Mitgliedern der Sächsischen Union kam sie offenbar gelegen. Sie waren nach der Wiedervereinigung aus dem Westen, vornehmlich aus Bayern und Baden-Württemberg, nach Sachsen gekommen. Ministerpräsident Biedenkopf, ebenfalls ein »Westimport« und liebevoll und ironisch »König Kurt« genannt, verkörperte diese Idee in grandioser Manier. Die Sachsen sind ein sehr eigenes, einiges, heimatverbundenes und selbstbewusstes Völkchen. Sie fühlten sich schon immer als etwas Besonderes. Das Land Sachsen ist kein x-beliebiges Bundesland. Es ist ein Freistaat. Sachsen ist das Bayern des Ostens.

Erst nach Biedenkopfs Rücktritt im April 2002 begann sich der Nebel zu lichten. Das Land wurde erkennbar als ein ziemlich normales, neues Bundesland. Sachsen gelang es nicht schlechter, aber auch nicht wesentlich besser als den anderen, die Transformation von einer sozialistischen Planwirtschaft zu einer Marktwirtschaft gesellschaftlich und politisch zu verarbeiten. Auch in Sachsen kam es zur Deindustrialisierung ganzer Regionen. Wie überall im Osten schrumpfte auch hier die Bevölkerung. Die Abwanderung nach Westen hielt an. Die Geburtenrate sank kontinuierlich. Der Altersdurchschnitt stieg. Die Schere zwischen der sozialen, kulturellen und ökonomischen Entwicklung in den kleinstädtisch und dörflich geprägten Regionen einerseits und den Städten Leipzig und Dresden andererseits ging immer weiter auseinander. Der Staat zog sich aus der Fläche zurück. Es gab immer weniger Landräte und Bürgermeister, immer weniger Schulen, immer weniger Polizeireviere, immer weniger Ärzte, immer weniger Bahnen und Busse. Die Leuchtturmpolitik zugunsten der Zentren war zugleich Kirchturmpolitik zuungunsten der Ränder.

Es mag zynisch klingen: Wem die Fähigkeit schwindet, das überhöhte Bild, das er von sich selbst hat, durch herausragende Leistungen aufrechtzuerhalten, neigt zunehmend dazu, sich von anderen abzugrenzen und sie herabzusetzen. Die missglückte Formulierung Stanislaw Tillichs steht symptomatisch für eine in Sachsen weitverbreitete Haltung, die sich keineswegs auf den Islam beschränkt.[7] Hans Vorländer, Professor für politische

Theorie und Ideengeschichte in Dresden, spricht von einem »sächsischen Chauvinismus«[8] und bescheinigt den Sachsen ein »hohes Maß an Ethnozentrismus«[9]. Die Ursachen dafür sind vielfältig. Sie liegen in der Tiefe der älteren und jüngeren Geschichte gleichermaßen wie in der Fülle der aktuellen gesellschaftlichen Probleme. Sie sind zu suchen in der Anfälligkeit der menschlichen Natur und im Verlust des humanistischen Bildungsideals. Sie alle aufzuzählen ist hier nicht möglich. Ich werde jedoch einigen, die mir maßgeblich erscheinen, nachgehen.

Das vorrangige Anliegen dieses Buches besteht allerdings in etwas anderem. Ich will auf eine Gefahr hinweisen. Sachsen droht sich zu einem Gemeinwesen zu entwickeln, in dem autoritäres, nationalistisches und völkisches Gedankengut die Oberhand gewinnt und das sich von den Prinzipien der Liberalität, Pluralität und Offenheit verabschiedet. Die politischen Kräfte der Neuen Rechten haben an Stärke gewonnen. Sie greifen nach der Macht. Sie halten nichts von der freiheitlich demokratischen Grundordnung. Sie fordern die Bewahrung, Verteidigung und Rückeroberung der deutschen Kultur und Identität. Das wollen sie erreichen durch die strikte Abgrenzung von anderen Kulturen und Identitäten. Einige von ihnen benutzen offen eine Rhetorik der Ausgrenzung gegenüber den Angehörigen »artfremder« Kulturen[10] und attackieren die Anhänger einer offenen Gesellschaft.

Ein von ethnischer, kultureller und politischer Vielfalt geprägtes Deutschland – so ihre Auffassung – hat sich aufgegeben. Es sollte daher abgelöst werden von einem autoritär organisierten, völkisch-demokratischen Deutschland. Prominente Vertreter der Neuen Rechten bescheinigen der Mehrheit der Deutschen kollektive und kulturelle Autoaggressivität. In seiner Rede beim Kyffhäusertreffen am 23. Juni 2018 auf Schloss Burgscheidungen in Sachsen-Anhalt bezeichnete Björn Höcke deren Verhalten gar als kollektive Schafsköpfigkeit. Er bezog sich ausdrücklich auf Bernhard von Bülow, der 1899 vor dem Reichtag gesagt hatte: »In dem kommenden Jahrhundert wird das deutsche Volk Hammer oder Amboss sein.«[11] Heute, so Höcke, »lautet die Frage nicht Hammer oder Amboss, heute lautet die Frage Schaf oder Wolf. Und ich, nein, wir entscheiden uns in dieser Lage, Wolf zu sein.«[12] Es gelte, die Immigration zu stoppen, einen einzigartigen Kultur- und Zivilisationsbruch abzuwenden und die deutsche Zukunft zu verteidigen. Die Zeit des Hinnehmens, die Zeit der Geduld, die »Schafszeit«, sei endgültig vorbei. Einige Sätze vorher hatte er postuliert: »Und wenn es nicht anders geht, wenn es also unabwendbar ist, dann sind wir bereit – zumindest temporär –, Europa als Festung zu denken und zu leben, und zwar als uneinnehmbare Festung.«[13] Die rund 1000 Personen zählende Anhängerschaft reagierte mit dem jubelnden und stakkatoartigen Ruf »Widerstand«. Björn Höcke gilt offiziell als Rechtsaußen der AfD. Im November 2018 allerdings wurde er als thüringischer Vorsitzender mit über 80 Prozent der Stimmen wiedergewählt.

Ich glaube nicht, dass die von der Neuen Rechten ausgehende Gefahr hinlänglich beschrieben ist mit dem oft gebrauchten Bild vom gewöhnlichen Pendelrückschlag: weg vom bisher gängigen linksliberalen, hin zu einem nunmehr erstarkenden rechtskonservativen Denken. Von einem Rechtsruck zu sprechen verharmlost die Gefahr. Die Neue Rechte geht weiter. Sie gibt sich kämpferisch und siegessicher. Sie stellt die durch Humanismus und Aufklärung, Judentum und Christentum begründeten Werte von Humanität, Solidarität und Menschenwürde grundsätzlich infrage. Sie schlägt das gute Erbe der Französischen Revolution in den Wind. Die Postulate von Freiheit, Gleichheit und Brüderlichkeit beziehen sich ihrer Auffassung nach mehr oder weniger ausschließlich auf die Angehörigen des deutschen Volkes. Dieses sollte sich nach Auffassung der Alternative für Deutschland (AfD) biologistisch definieren. Das geltende Staatsbürgerschaftsrecht soll abgeschafft und auf das Abstammungsprinzip zurückgeführt werden.

Zu welchen praktischen Konsequenzen dies schon bald führen könnte, belegt das Wahlprogramm dieser Partei. Unter der Überschrift »Folgen der Massenimmigration. Nicht auf dem Rücken der Schüler« heißt es: »Ziel der Beschulung schulpflichtiger Asylbewerber muss es sein, diese auf das Leben nach der Rückkehr in ihr Heimatland vorzubereiten und die Zeit bis zur Rückkehr sinnvoll zu überbrücken. Einheimische Schüler dürfen nicht in ihrem Lernfortschritt behindert werden.«[14] Damit fordert die AfD im Prinzip die Einführung einer Art von Apartheid an deutschen Schulen. Kinder von Einheimischen und Kinder von Asylbewerbern müssten nach verschiedenen Zielen und Inhalten unterrichtet werden. Es wäre folgerichtig, sie voneinander zu trennen. Von Kindesbeinen an sollte ihnen klargemacht werden, dass sie nicht zusammengehören und keine gemeinsame Zukunft haben.

Die grundsätzliche Unterstellung, dass der Lernfortschritt einheimischer Schüler durch die bloße Anwesenheit nicht einheimischer Schüler gefährdet sein könnte, offenbart ein völkisches und tendenziell rassistisches Menschenbild. In pädagogischer Hinsicht bedeutet sie ein Armutszeugnis erster Klasse. Wie menschenverachtend und abgrundtief die Ablehnung fremder Kulturen sein kann, zeigt eine Äußerung von Jürgen Gansel über eine Einrichtung für Asylbewerber im sächsischen Pausitz. Gansel ist Mitglied der NPD und war von 2004 bis 2014 Abgeordneter im Landtag. Vor der Kamera sagte er: »Es ist auch nicht unsere Aufgabe als nationale Opposition, den Scherbenhaufen beiseitezufegen, den die etablierten Parteien durch ihre Asyl- und Ausländerpolitik angerichtet haben. Insofern nehmen wir natürlich Bürgerinteressen wahr, bringen auch Kritikpunkte, die an uns herangetragen werden, in den parlamentarischen Gremien zur Sprache. Aber wir werden uns jetzt nicht an irgendeinen runden Tisch setzen und darüber beratschlagen, ob in Pausitz vielleicht extra ein Spielplatz eingerichtet wird, damit Asylantenkinder dort spielen können und sich auf die Art und Weise dann vielleicht irgendwelche Kontakte zu deutschen Kindern ergeben.«[15]

Die Vertreter der Neuen Rechten bestreiten unmissverständlich die bisher geltenden Prinzipien des Zusammenlebens in Deutschland. Es besteht kein Zweifel: Die Integration der hier lebenden Asylbewerber und ihrer Kinder ist eine schwere Aufgabe. Sie wurde lange unterschätzt. Diese Aufgabe dennoch anzugehen gebieten die humanistische Kultur und die politische Vernunft gleichermaßen. Ob dies geschieht, kann nicht davon abhängig gemacht werden, wie lange die Betroffenen in Deutschland bleiben und wann sie in ihr Heimatland zurückkehren. Das ist ungewiss. Einige werden bald zurückkehren, andere in ferner Zukunft, wieder andere nie. In allen drei Fällen bleiben sie unsere Mitmenschen. Die Zukunft ist immer ungewiss, auch die Zukunft der Einheimischen. Wer Kinder allein aufgrund der Herkunft ihrer Eltern aussondert und von anderen Kindern fernhält, ist entweder dumm, bösartig oder gemein. Er verhindert den Lernfortschritt aller. Wenn er es tut, um unsere Kultur zu verteidigen, hat er diese nicht verstanden.

Es bedrückt mich und gibt zu denken, dass die Fanfare der Neuen Rechten in Sachsen besonders laut ertönt. Im Jahr 1989 bedeutete und bewirkte die massenhaft gerufene Parole »Wir sind das Volk« auf den Straßen von Plauen, Leipzig und Dresden die Eroberung der Volkssouveränität. Die SED und die von ihr dominierte Staatsführung besaßen keine demokratische Legitimation. Sie hatten zwar wieder und wieder behauptet, dass der Wille des Volkes entscheidend sei und von ihnen repräsentiert werde. In der politischen und gesellschaftlichen Wirklichkeit der DDR war davon jedoch fast nichts oder gar nichts zu spüren. Dass es der NPD, den Vordenkern von Pegida und anderen vom rechten Rand aus agierenden Bewegungen spätestens 2013 nachhaltig gelingen konnte[16], diesen Ruf nach Demokratie zu kapern, beweist die tiefe Vertrauenskrise zwischen Teilen der Bevölkerung und der Regierung. Wie groß diese Teile sind, ist schwer zu sagen. Auf jeden Fall aber sind sie groß genug, um die Demokratie zu erschüttern.

Der Ruf »Wir sind das Volk« ging 1989 einher mit Friedfertigkeit und Gewaltlosigkeit. Er entsprang der Wut der Ohnmächtigen. Dennoch entwickelten diese keinen Hass. Ihr Aufschrei enthielt die Forderung, endlich gehört zu werden, und war eine Einladung zum Dialog. Dieser kam zustande an den sprichwörtlich gewordenen Runden Tischen. Sie demokratisierten die DDR. Der Ruf »Wir sind das Volk« bei Pegida & Co. hingegen klingt aggressiv und martialisch. Er enthält die Ablehnung der demokratisch Gewählten, die Ausgrenzung von Muslimen und die Abschiebung von Flüchtlingen und Asylbewerbern.

Fernsehjournalisten des ARD-Politmagazins »Panorama« besuchten im Juni 2018 eine Montagsdemonstration von Pegida in Dresden. Als Siegfried Däbritz sprach und die Hilfsorganisation »Mission Lifeline« beschimpfte, weil diese im Mittelmeer Flüchtlinge rettete, skandierte die Menge: »Absaufen! Absaufen!«[17] Zu diesem Zeitpunkt befand sich ein Schiff der Organisation mit 234 Flüchtlingen im Mittelmeer und wartete auf die Einfahrtgenehmigung in einen europäischen Hafen. Däbritz ist Sachse und Gründungsmitglied von Pegida. Er ist einer von vielen, die vorgeben, das Abendland zu verteidigen. In Wahrheit schlägt er mit der Axt auf die moralischen Wurzeln unserer Kultur ein. Wer die Menschlichkeit zerstört und behauptet, Deutschland zu bewahren, muss sich fragen lassen, welches Deutschland er meint. Das von 1933 bis 1945?

Ich meine, dass in den politischen Auseinandersetzungen des Jahres 2019 weit mehr auf dem Spiel steht als die Mehrheitsverhältnisse in ostdeutschen Landtagen, weit mehr als die Machtkonstellation in Sachsen. Bedroht sind die Demokratie, die Humanität und die Freiheit. Elementare Prinzipien unseres Zusammenlebens werden aufgekündigt und angegriffen: die Achtung der Menschenwürde, das Gewaltmonopol des Staates, der Respekt gegenüber den demokratisch gewählten Repräsentanten, die Religionsfreiheit und das

Grundrecht auf Asyl. Eine liberale Demokratie und die grundsätzlich offene, pluralistische Gesellschaft sollen abgelöst werden durch eine nationalradikale und autoritäre Demokratie und eine völkisch geschlossene Gesellschaft.

Man kann relativieren und darauf hinweisen, dass die Demokratie im Prinzip immer auf dem Spiel steht, ist sie doch die einzige Gesellschafts- und Regierungsform, die immer wieder erlernt werden muss. Jede neue Generation muss sie sich aneignen. Insofern sind Verschiebungen möglich. Ein linksliberales Gesellschaftsverständnis kann einem rechtskonservativen Gesellschaftsverständnis weichen. Die entscheidende Frage lautet allerdings, ob es der Neuen Rechten gelingen wird, unsere politisch-gesellschaftliche Ordnung derart umzugestalten, dass die wesentlichen Prinzipien unseres Grundgesetzes außer Kraft gesetzt werden.

Die Frage »Ist Sachsen erst der Anfang?« erinnert an die Aufforderung »Wehret den Anfängen!«. Diese ist eine der wichtigsten Lehren aus der Beschäftigung mit dem Nationalsozialismus und seiner Machtergreifung. Kritiker monieren, dass es für ein bloßes »Wehret den Anfängen« bereits zu spät ist. »Wer bei den heutigen Ereignissen noch von ›Wehret den Anfängen‹ redet im Zusammenhang mit dem, was wir damals erlebt haben, hat überhaupt nichts begriffen. NPD, Wehrsportgruppe Hoffmann, NSU[18], Beteiligung von staatlichen Stellen, jetzt die AfD, da stelle ich die Frage: Haben wir wirklich den Anfängen gewehrt? … Und alle sagen überrascht, jetzt sei es wieder da, aber wann, frage ich, wann war es nicht da?«[19]

Ja. Die unserer Gesellschaftsordnung zugrunde liegenden Werte sind immer und überall gefährdet, auch im Westen Deutschlands. Die Demokratie verfügt über keine Bestandsgarantie. Dieser allgemeine Hinweis bagatellisiert keineswegs die aktuelle Gefahr. Im Osten geht es darum, die politischen Kräfte der Neuen Rechten daran zu hindern, die Macht zu ergreifen und die gesellschaftliche Ordnung Deutschlands auszuhebeln.

Honeckers Asche oder: Warum tickt der Osten anders?

Wir schreiben 2019. Erich Honecker, von 1971 bis 1989 Generalsekretär des Zentralkomitees der SED und einer der meistgehassten Vertreter des staatssozialistischen Repressionsapparates, ist seit 25 Jahren tot. Roberto Betancourt, sein Enkel, wartet bisher vergeblich darauf, die Urne mit der Asche seines Großvaters von Chile nach Deutschland überführen zu können. Erich Honecker hat den Ort seiner letzten Ruhe noch immer nicht gefunden.[20] Was für eine Metapher!

Die friedliche Revolution in der DDR liegt inzwischen 30 Jahre zurück. Dieses Ereignis gilt zu Recht als eines der glücklichsten und bedeutendsten in der Geschichte des 20. Jahrhunderts. Den Menschen im sozialistischen Teil Deutschlands war es 1989 gelungen, eine umfassende demokratische Umwälzung der gesellschaftlichen, politischen und ökonomischen Verhältnisse in die Wege zu leiten. Sie taten dies mit gewaltlosen Mitteln. Sie setzten auf den Dialog mit der Staatsmacht. Mit dem Ruf »Wir sind das Volk« stellten sie die Machtfrage und straften Honecker Lügen, der noch am 19. Januar 1989 behauptet hatte, die Mauer werde auch in

100 Jahren noch bestehen bleiben. Die regelmäßig stattfindenden Massendemonstrationen waren die stärksten Waffen der Bürger. In den Jahren zuvor war ihr Widerstand sukzessive angewachsen. Ungezählte Oppositionelle hatten Benachteiligungen, Schikanen und Überwachungen durch das Ministerium für Staatssicherheit erfahren. Zehntausende politische Häftlinge waren zum Teil schlimmen Repressalien ausgesetzt.[21]

Die wellenartigen, zahlenmäßig zunehmenden Ausreisen gut ausgebildeter, mutiger und junger DDR-Bürger in den Westen trieben den ökonomischen und gesellschaftlichen Niedergang des Staates voran. Die genauen Zahlenangaben schwanken, liegen allerdings für den Zeitraum von 1961 bis 1989 bei durchgängig vielen Hunderttausenden. Die Bevölkerungszahl der DDR lag insgesamt bei etwa 17 Millionen. Wer illegal über Ungarn, Polen, Bulgarien oder die Tschechoslowakei in die Bundesrepublik ging oder die innerdeutsche Grenze auf direktem Weg überwand, tat es unter Lebensgefahr und im Bewusstsein des »auf Nimmerwiedersehens«. Er musste damit rechnen, dass ihm der Staatsapparat niemals mehr eine Besuchsreise oder gar die Rückkehr in die DDR erlauben würde. Die Berliner Mauer zählte zu den am besten bewachten Grenzen der Erde. Sie sollte sich – so dachte man im Westen wie im Osten – nach menschlichem Ermessen niemals öffnen. Dieser Umstand vertiefte die depressive Stimmung der Zurückbleibenden. Der Zynismus der allmächtig scheinenden SED gipfelte in einer Formulierung des Vorsitzenden des Politbüros und Staatsratsvorsitzenden Erich Honecker. Diese wurde am 2. Oktober 1989 von den Zeitungen in der DDR abgedruckt:

»Zügellos wird von Politikern und Medien der BRD eine stabsmäßig vorbereitete ›Heim-ins-Reich‹-Psychose geführt, um Menschen in die Irre zu führen und auf einen Weg in ein ungewisses Schicksal zu treiben. Das vorgegaukelte Bild vom Leben im Westen soll vergessen machen, was diese Menschen von der sozialistischen Gesellschaft bekommen haben und was sie nun aufgeben. Sie schaden sich selbst und verraten ihre Heimat. Nun werden einige Bürger der DDR an uns mit Recht die Frage stellen, warum wir diese Leute über die DDR in die BRD ausreisen lassen, obwohl sie grob die Gesetze der DDR verletzten. Die Regierung der DDR ließ sich davon leiten, dass jene Menschen bei Rückkehr in die DDR … keinen Platz mehr im normalen gesellschaftlichen Prozess gefunden hätten. … Sie alle haben durch ihr Verhalten die moralischen Werte mit Füßen getreten und sich selbst aus unserer Gesellschaft ausgegrenzt. Man sollte ihnen deshalb keine Träne nachweinen.«[22]

Vor diesem dunklen Hintergrund erscheint das Ereignis der friedlichen Revolution in der DDR einerseits wie der Beweis der von Friedrich Hölderlin in seinem Gedicht »Patmos« ausgesprochenen Wahrheit: »Wo aber Gefahr ist, wächst das Rettende auch.« Andererseits fragt man sich, warum sich das Bild des Ostens vor dem hellen Hintergrund der selbst errungenen Demokratie nun erneut verdunkelt. Woher kommt die Verachtung der Politik, der offenen Grenzen, der Meinungs- und der Pressefreiheit? Warum liegt die Wahlbeteiligung im Osten viel niedriger als im Westen? Die Forderung nach freien Wahlen gehörte zum Markenkern der friedlichen Revolution. Warum unterscheidet sich die gesellschaftliche, politische und ökonomische Wirklichkeit in den neuen Bundesländern so eklatant von der in den alten? Handelt es sich bei diesen Eindrücken möglicherweise nur um das oberflächliche und falsche Abbild einer einseitig westdeutschen Perspektive? Warum werden diese Fragen gerade jetzt virulent, 30 Jahre nach der friedlichen Revolution und dem Fall der Berliner Mauer?

Tickt der Osten anders? Wenn ja, warum?

Dazu drei Vorbemerkungen:

Erstens: Der Versuch, diese Fragen zu beantworten, schlägt fehl, wenn man sich mit wenigen und einfachen Antworten begnügt. Warum die Konflikte im Osten viel härter ausgetragen werden als im Westen und die Ost-Gesellschaft viel nervöser erscheint als die im Westen, hat viele Ursachen. Jede einzelne findet sich in ähnlicher Art und Weise auch anderswo. Ein annäherndes Verständnis ergibt sich erst, wenn man eine Addition der verschiedenen Phänomene und Entwicklungen vornimmt. Im Osten kumulieren sie.

Zweitens: Der Versuch, diese Fragen zu beantworten, dient nicht dem Ziel, die Abkehr vieler Menschen von der Demokratie oder die gefährlichen Aktivitäten der Neuen Rechten zu entschuldigen. Im Gegenteil! Nicht alle Menschen im Osten Deutschlands folgen den Radikalen und Extremisten. Die Mehrheit steht trotz vieler Enttäuschungen zur politischen Ordnung der Bundesrepublik. Es geht vielmehr darum, die Neue Rechte politisch zurückzudrängen, und dazu ist es nötig, den Hintergrund ihres Erfolgs im Osten Deutschlands zu beleuchten. Er besteht in ihrer Fähigkeit, den Zorn der Menschen über ihre Verluste aufzugreifen, Ängste zu schüren, Sündenböcke auszumachen, sich auf wenige Themen zu beschränken und sich als starke Verteidigerin der deutschen Kultur und aller benachteiligten Deutschen zu inszenieren.

Drittens: Die deutsche Einheit vollzog sich unter dem Grundgesetz. Dieses hatte 40 Jahre zuvor die Ordnung der westdeutschen Bundesrepublik begründet. Die Wiedervereinigung war de jure die Auflösung eines Staates, die mehrheitlich gewollte Preisgabe des einen Teils Deutschlands und sein Beitritt zum anderen Teil. Nicht trotz, sondern wegen dieser Tatsache sollten die Menschen im Osten ihre Erfahrungen, Erinnerungen, Bindungen und Wertungen behaupten, vertreten und einbringen. Sie haben 41 Jahre lang in einem anderen Staat gelebt. Gleich, ob sie die DDR gewollt, gefeiert, gestützt, verteidigt, ertragen, erlitten, abgelehnt, gehasst, bekämpft oder verlassen haben, die Existenz dieses Staates war ein Teil ihres Lebens. Und sie ist auch ein Teil des

Lebens ihrer Kinder und Enkel, weil sie im kommunikativen Gedächtnis der Familien, Freundeskreise und Vereine weiterexistiert.

Solange dieses Gedächtnis funktioniert, konkurriert es mit der wissenschaftlichen Geschichtsschreibung und der offiziellen Geschichtspolitik. Natürlich war und ist die DDR auch ein Teil des Lebens der Menschen im Westen der Bundesrepublik. Sie ist ein Teil des Lebens derer, die nach 1990 vom Westen in den Osten gingen, und derer, die den Osten in Richtung Westen verließen. Die Verschränkung der Geschichte beider Staaten, die Beziehung der Menschen über die innerdeutsche Grenze hinweg und die unterschiedlichen Erinnerungen daran wirken bis heute. Das ist weder ein Nachteil noch ein Hindernis für die Einheit, sondern ihre Grundlage. Es ist eine besondere Erfahrung der Deutschen. Die Deutschen besitzen damit etwas Seltenes und Spezielles. Sie verfügen über einen Reichtum, der etwas ganz und gar anderes ist als die gepriesene Vielfalt der Regionen in einem föderalen Staat. Man kann versuchen, die unterschiedlichen Erinnerungen an das, was in der Vergangenheit verschieden war und in Konkurrenz zueinander stand, im Sinne der »Sieger der Geschichte« gleichzumachen. Man kann versuchen, die legitime Erinnerung derer, die offiziell auf der Verliererseite standen, zu delegitimieren. Beide Versuche hinterlassen Spuren der Kränkung. Sie erzeugen Wut und Protest.

Warum tickt der Osten anders?

Einen ersten, subjektiv und emotional geprägten Gedankengang setze ich an den Anfang, weil es am Anfang und am Ende jeder allgemeinen Betrachtung immer um konkrete Menschen gehen sollte. Er lautet: Der Osten tickt anders, weil die Erinnerung vieler Menschen im Osten davon geprägt ist, in ihrem Leben immer wieder auf der Seite der Verlierer und Betrogenen gestanden zu haben. Dabei wissen sie sehr wohl, dass ihre Verluste und Einbußen immer auch mit Gewinnen verbunden waren.

Im Vergleich mit den Gewinnen der Menschen im Westen Deutschlands fielen ihre Gewinne allerdings stets bescheiden aus. Sie wissen, dass sich manche Verluste nicht hatten vermeiden lassen und sie einige selbst verursacht haben. Dennoch vergleichen sie und gewinnen den Eindruck: »Die Geschichte und die Politik meinen es nicht gut mit uns. Es gibt keine Gerechtigkeit.« Es ist doch wahr, dass das ganze Deutschland verantwortlich war für den Zweiten Weltkrieg, oder? Es ist doch wahr, dass der Osten die Last der Schuld und die Folgen der Teilung in viel größerem Maß getragen hat als der Westen, oder? Dann ist es auch wahr, dass die Angleichung der Lebensverhältnisse im wiedervereinigten Deutschland nicht die Sache der großzügigen Solidarität des Westens ist, für die der Osten artig Danke sagen sollte, sondern eine ausgleichende Gerechtigkeit.

Wenn man die Ostdeutschen auffordert, das Jammern zu lassen, endlich zufrieden zu sein und sich nicht andauernd mit den Westdeutschen, sondern mit den Bürgerkriegsflüchtlingen aus Syrien zu vergleichen, fragen sie mit einigem Recht, wer sie dazu auffordert und warum er dies tut.

Viele Ostdeutsche der älteren Generation fremdeln darüber hinaus mit der kapitalistischen Wettbewerbs- und Konkurrenzgesellschaft. Sie haben viel später Eintritt in diese Gesellschaft bekommen als ihre westdeutschen Altersgenossen. Sie wissen, dass sie zweite Sieger bleiben werden. Die Berücksichtigung der Altersstruktur der Bevölkerung im Osten ist für die Beschreibung der allgemeinen Stimmungslage von wesentlicher Bedeutung. Alte Menschen haben viel Vergangenheit und wenig Zukunft. Sie schauen auf ihr Leben zurück und ziehen Bilanz. Im Osten leben durchschnittlich viel mehr Alte als im Westen. Sie leiden unter der Abwesenheit ihrer Kinder und Enkel. Ganze Landstriche veröden. So hatte man sich die Verheißung von blühenden Landschaften nicht vorgestellt. In bestimmten Dörfern und peripheren Gebieten sollte man die staatliche Daseinsfürsorge ehrlicherweise als politische Sterbehilfe bezeichnen. Berlin, Leipzig, Dresden, Jena und Rostock sind Inseln im Meer der menschlichen Vereinsamung.

Die Bevölkerung Deutschlands hat im Vergleich der Länder der Europäischen Union einen der höchsten Altersdurchschnitte und eine der niedrigsten Geburtenraten. Sachsen wiederum hat im Vergleich der deutschen Länder einen der höchsten Altersdurchschnitte. Die weitere Entwicklung wird nach den Prognosen der Demografen diesen Trend verstetigen und verstärken. In einem Bericht der Bundesregierung heißt es: »In Ostdeutschland ist die Abnahme der jungen Bevölkerung Motor der Alterung, in den alten Ländern dagegen ist es die Zunahme der alten Menschen. Die Abwanderung junger Menschen, die niedrige Geburtenziffer und die steigende Lebenserwartung haben den Altersaufbau der Bevölkerung in den ostdeutschen Flächenländern besonders schnell und drastisch verändert. Der Jugendquotient (Anzahl der unter 20-Jährigen je 100 der 20- bis 65-Jährigen) lag im Jahr 1991 in den ostdeutschen Bundesländern und Berlin bei 39,5 und 2011 nur noch bei knapp 24. In den alten Ländern (ohne Berlin) sank der Quotient im gleichen Zeitraum lediglich von 32,7 auf 31,3.«[23]

Wie gesagt: Alte Menschen schauen zurück und ziehen Bilanz. Sie fragen sich, was ihnen die diversen Veränderungen nach der Wiedervereinigung gebracht haben. Einige äußere Faktoren stehen eindeutig auf der Habenseite: Reisefreiheit, Infrastruktur, Umweltschutz, Finanzen und Konsum. Auf der Sollseite schlagen genau jene Faktoren zu Buche, die für alte Menschen besonders wichtig sind: menschliche Nähe, Verständnis, Wertschätzung, die Freude an der Anwesenheit der eigenen Kinder und Enkel und die damit verbundene Versöhnung mit der Tatsache, selbst nicht mehr viel Zukunft zu haben.

Ein zweischneidiges Schwert

In einem zweiten Gedankengang geht es um ein Alleinstellungsmerkmal des deutschen Ostens. Es handelt sich um den Verlust seiner Eigenstaatlichkeit infolge des Mauerfalls. Für Polen, Ungarn, die Tschechoslowakei (nach der friedlichen Teilung an der Jahreswende 1992/93 für Tschechien *und* die Slowakei), für Rumänien, Bulgarien, Albanien, Litauen, Estland und Lettland ging die Befreiung von der kommunistischen Diktatur sowjetischer Prägung einher mit der Wiedergewinnung ihrer nationalen Souveränität. Allein in der DDR kam es zur Auflösung des Staates. Diese Auflösung war eine Preisgabe und von der Mehrheit der Bevölkerung gewollt. Aus der Wahl zur Volkskammer der DDR am 18. März 1990 ging die Allianz für Deutschland als stärkste politische Kraft hervor. Am 23. August 1990 beschloss die Volkskammer den Beitritt der DDR zum Geltungsbereich des Grundgesetzes der Bundesrepublik mit 294 Ja-Stimmen gegen 62 Nein-Stimmen bei sieben Enthaltungen.

Das Ende der DDR entsprach dem politischen Mehrheitswillen der Bevölkerung der DDR. Viele hatten dieses Ende herbeigesehnt. Was es für den Fortgang ihres

Lebens bedeuten würde, war zum Zeitpunkt des Beschlusses nicht absehbar. Dem errungenen Gewinn der lang vermissten Freiheiten und der Wiedereingliederung in den deutschen Nationalstaat folgte die Einführung der staatlichen, politischen und ökonomischen Ordnung der Bundesrepublik. Auch das Personal kam zum größten Teil aus dem Westen. Die Überschichtung der ostdeutschen Bevölkerung ist eindrücklich beschrieben. Die von Michael Bluhm und Olaf Jacobs vorgelegte Studie »Wer beherrscht den Osten?«[24] quantifiziert den Anteil der aus dem Westen Zugezogenen an den ostdeutschen Eliten ein Vierteljahrhundert nach der Wiedervereinigung. Er liegt durchschnittlich bei über 70 Prozent und nimmt nicht ab.

Der Hinweis auf die schiere Menge erlaubt weder einen Rückschluss auf die Motive der entsprechenden Personen noch auf deren Professionalität. Man darf das Phänomen nicht moralisierend betrachten. Dass der hohe Anteil der Westdeutschen auf ostdeutschen Chefsesseln nach wie vor empört, ist gleichwohl unbestritten. Das bestätigen mir Freunde und Bekannte, die aus Westdeutschland stammen, seit vielen Jahren im Osten leben und längst ein sächsisches Heimatgefühl entwickelt haben. Obwohl sie sich mehrheitlich mit ihrer wirtschaftlichen Situation zufrieden zeigten, bestätigten 52 Prozent der Sachsen die Aussage »Die Ostdeutschen sind in Deutschland Bürger zweiter Klasse« mit »Stimme voll zu« bzw. mit »Stimme eher zu«. Diese Umfrage fand 2018 statt. Ein Jahr zuvor lag die Zustimmungsquote auf dieselbe Frage nur bei 44 Prozent.[25]

Andere Umfragen belegen, dass sich kaum jemand die DDR zurückwünscht. Dieser Staat ist vergangen. Dass zahlreiche Repräsentanten des neuen Staates vielfach nicht aufhören wollen, sich als Sieger der Geschichte zu gebärden, bestätigt allerdings die Ressentiments ehemaliger DDR-Bürger. Natürlich nimmt deren Anteil an der Bevölkerung ab. Daraus abzuleiten, dass auch die Ressentiments verschwinden, halte ich für gewagt. Sie werden die deutsche Gesellschaft noch lange begleiten. Zeitgeschichte »raucht«, solange die Zeitzeugen leben. Erst nach 75 Jahren, nach drei Generationen also, wechselt sie in die Geschichtsbücher und kühlt sich ab.

In den Teilen der ost- und westdeutschen Bevölkerung, die ihren Herkunftsort noch nie für längere Zeit verlassen oder sich noch nie der ernsthaften Mühe eines ost-west-deutschen Perspektivwechsels unterzogen haben, werden gegenseitige Vorurteile weiterhin gepflegt. Ich kenne viele Westdeutsche, die noch nie in Ostdeutschland waren. Ich kenne viele, die seit Jahren in Dresden leben und darunter leiden, nur schwer Kontakt zu bekommen zu einheimischen Ostdeutschen. Die sozialen und kulturellen Schwellen sind hoch. Manche politischen Entscheidungen sind nicht nachvollziehbar.

Dazu ein Beispiel: Nahezu alle Direktorenstellen der staatlichen Institutionen in der Kunst- und Kulturstadt

Dresden sind von Personen besetzt, die lange vor 1990 in Westdeutschland geboren und aufgewachsen sind. Das kann nicht daran liegen, dass es keine geeigneten Ostdeutschen gibt. Die Kritik bezieht sich in aller Regel auch nicht auf die Herkunft der Chefs. Sie entzündet sich an ihrem unsensiblen Verhalten. Wie schnell das Gefühl der Überfremdung bestätigt und verstärkt werden kann, belegte der jüngste Bilderstreit im Dresdner Albertinum.[26] Dieser Protest wurde angeführt von Vertretern der städtischen Kulturszene. Der aus Kassel stammenden Direktorin wurde unterstellt, »die Ostdeutschen das Sehen lehren«[27] zu wollen. Der im sächsischen Freiberg geborene, renommierte Kunstwissenschaftler Paul Kaiser warf ihr vor, die kunstgeschichtliche Epoche zwischen 1945 und 1990 aus der Schausammlung ins Depot entsorgt zu haben. Eine 2017 in Peking von Außenminister Sigmar Gabriel eröffnete Ausstellung »Deutschland 8« hatte 320 Werke von 55 deutschen Künstlern aus sieben Jahrzehnten präsentiert. Davon war kein einziger Künstler aus der DDR.

Es ist nicht verwunderlich, dass die Hintansetzung der Kunst und Kultur aus der DDR als Kränkung empfunden wird. Niemand kann ernsthaft bestreiten, dass der sozialistische Staat ökonomisch gescheitert ist. Wer die Leistungen der Mikroelektronik in der DDR gegenüber ihrer westlichen Konkurrenz im Nachhinein hervorheben wollte, würde sich lächerlich machen. Wer den Menschen des untergegangenen Landes aber ihre kulturellen und künstlerischen Leistungen abspricht, verletzt ihr Selbstwertgefühl. Er muss mit erbittertem Widerspruch rechnen. Der 1990 aus dem Westen in den Osten gegangene Kultursoziologe Karl-Siegbert Rehberg spricht davon, dass der Vereinigungsprozess weitestgehend eine Überblendung und Überlagerung war. »Denn die verloren gegangene eigene Gesellschaft ist … ein Problem für viele Menschen im Osten. Das sehen wir an den rechtspopulistischen Resonanzen.«[28]

Wenn die Eliten eines Staates damit betraut werden, wichtige Funktionsstellen eines anderen, untergegangenen Staates auszufüllen, sollten sie sich vertraut machen mit der sehr speziellen Situation der betroffenen Gesellschaft. Diese wiederum darf und muss sich selbst behaupten. Die ideelle, kulturelle, soziale und politisch-widerständige Substanz des millionenfach in der DDR gelebten Lebens gehört zum Wertvollsten, was die jüngste deutsche Vergangenheit dem wiedervereinigten Deutschland vererbt hat. Sie darf nicht in die Hände der Neuen Rechten fallen. Das Jahr 1989 und die vorausgegangenen Jahre der Selbstbehauptung haben sich in die Erinnerung ungezählter ost- und westdeutscher Demokraten eingebrannt. Dieser revolutionäre Vorgang war für eine ganze Generation das am tiefsten einschneidende politische Ereignis ihres Lebens. Es wird es bleiben, solange nichts Größeres geschieht. Die Deutschen sollten davon erzählen. Das Entscheidende war, dass es sich friedlich, demokratisch und gewaltlos vollzog.[29]

Der eine Staat ist untergegangen. Der andere ist geblieben. Eine neue Gesellschaft ist entstanden. Ob es eine befriedete ist, die zusammenhält, steht auf einem andern Blatt. Heute sehen es alle: Die Wiedervereinigung war ein zweischneidiges Schwert.

Der Letzte macht das Licht aus

Zur Enttäuschung über die sich nicht einstellende innerdeutsche Augenhöhe und die Nachwirkungen der verlorenen Eigenstaatlichkeit kommen noch der bedrückende Bevölkerungsschwund und die mit ihm verbundenen Ängste vor sozialer Vernachlässigung hinzu – die dritte Ursache für die spezielle Stimmungslage im Osten.

Politik und Wirtschaft mögen es unfair finden. Aber die gesunkenen Arbeitslosenzahlen und die anhaltende Exportstärke deutscher Firmen lösen keine Begeisterung aus. Die meisten Menschen haben davon wenig oder nichts. Viele erleben vorwiegend die Kehrseite. Und diese ist menschlich bedrückend. Der sich immer schneller verändernde Arbeitsmarkt verlangt von Arbeitnehmern Mobilität, Flexibilität und Verfügbarkeit. Wer nicht mitkommt, bleibt zurück. Vor dem Mauerfall wurden viele Menschen von der Sehnsucht nach Freiheit und selbstbestimmtem Leben aus dem Osten in den Westen getrieben. Nach dem Mauerfall trieb sie die

Notwendigkeit, sich arbeitsmarktkonform zu verhalten. Die Wiedervereinigung hat die Abwanderung und den Bevölkerungsschwund nicht nur nicht gestoppt, sie hat vielmehr beide Entwicklungen verstetigt. Das Gegenteil ist nur in Berlin, Leipzig und Dresden festzustellen. Diese Städte entwickeln sich in einem atemberaubenden Tempo. Das Land Sachsen-Anhalt hatte im Jahr 1946 4,1 Millionen Einwohner, im Jahr 1990 2,9, im Jahr 2010 noch 2,3 Millionen. Für das Jahr 2025 prognostizieren die Demografen 1,9 Millionen Einwohner.[30] Für weite Gebiete der ehemaligen DDR wird eine Entwicklung bis 2025 von minus zehn Prozent vorhergesagt.[31]

Die Landkarte des Bevölkerungsrückgangs ist nahezu deckungsgleich mit der Landkarte der DDR. Der Anteil der 65-jährigen und älteren Bewohner Sachsen-Anhalts lag im Jahr 2008 bei 23,7 Prozent der Bevölkerung. Im Jahr 2015 erreichte er schon 31,2 Prozent. Die Zahlen für den Freistaat Sachsen sind ähnlich. Wo immer weniger Menschen leben und die wenigen im Durchschnitt immer älter sind, werden naturgemäß weniger Kinder geboren. Der sächsische Staatsminister Markus Ulbig (CDU) bewertete es 2015 als gute Nachricht, dass die Geburtenrate im Freistaat mit durchschnittlich 1,57 Kindern bundesweit die höchste war.[32] Nun ist aber leicht auszurechnen, dass es ca. 2,1 Kinder pro Frau sein müssten, um den Bestand der Bevölkerung zumindest zu erhalten. Hier noch einmal ein Zitat aus dem Bericht des Beauftragten der Bundesregierung für die neuen Bundesländer:

»In der Gesamtbilanz aus Binnenwanderung und natürlicher Bevölkerungsentwicklung mussten die ostdeutschen Bundesländer einschl. Berlin einen Rückgang ihrer Einwohnerzahl im Zeitraum von 1991 bis 2012 von rund 2 Millionen Personen verkraften. Innerhalb von 23 Jahren ist die Bevölkerung um etwa 11 Prozent geschrumpft. Diese Entwicklung ist im europäischen und internationalen Vergleich einzigartig. Nach Projektionen des Statistischen Bundesamtes (12. Koordinierte Bevölkerungsvorausberechnung) wird die Bevölkerungszahl in den ostdeutschen Flächenländern weiter abnehmen, bis zum Jahr 2030 voraussichtlich um 14 Prozent (Bezugsjahr 2008).«[33]

Alte Menschen im Osten Deutschlands erinnern sich an die bevölkerungspolitischen Maßnahmen im Sozialismus. Auch wenn die Familienpolitik der DDR keine nachhaltigen Erfolge erzielte, konnte sie doch demografisch messbare Ergebnisse vorweisen. Die Fertilitätsrate lag von 1969 bis 1990 durchgängig höher als in der alten Bundesrepublik, in einigen Jahren sogar um bis zu 0,4 Prozentpunkte.[34] Der DDR wurde zu Recht vorgeworfen, ein Staat zu sein, dem die Bürger davonlaufen. Welcher Vorwurf trifft eigentlich einen Staat, in dem die Menschen immer weniger Kinder bekommen, in dem sich ganze Landstriche entvölkern und irgendwann der Letzte das Licht ausschalten wird?

Der Westen Deutschlands muss sich fragen lassen, wie viel Innovationskraft ihm zugeflossen ist aufgrund des seit 1945 ständig anhaltenden Bevölkerungszustroms aus dem Osten. Diese Frage enthält die Forderung nach einer angemessenen Einschätzung der Stimmungslage, nach einer fairen Berechnung der Transferleistungen und nach politischen Konsequenzen. Im Osten haben viele Menschen den Eindruck, ihre Lebenswirklichkeit liege im toten Winkel der von Westdeutschen gesteuerten Bundesrepublik. Sie fühlen sich zurückgelassen und haben das Vertrauen in den Staat verloren. Er ist für viele nicht mehr relevant oder findet schlicht nicht statt. Viele sagen sinngemäß: Während für die ins Land kommenden Flüchtlinge und Asylbewerber staatliche Leistungen in beträchtlichen Größenordnungen bereitgestellt werden, kümmert sich um uns niemand. Dem Buch der sächsischen Staatsministerin für Gleichstellung und Integration ist diesbezüglich nichts hinzuzufügen.[35]

Aus den Monaten meiner Kandidatur um das Amt des Oberbürgermeisters der Stadt Meißen ist mir eine Begegnung in besonders eindrücklicher Erinnerung geblieben. Es war an einem warmen Sommertag. Meine Unterstützer hatten mir empfohlen, Straßenwahlkampf im Triebischtal zu machen. Dieser Stadtteil gilt als vernachlässigt. Am Anfang einer langen Straße steht das Gebäude der Porzellanmanufaktur. Dahinter kommen zahlreiche verfallene Altbauten, Industriebrachen und weitläufige Neubaublocks. Diese sind zum größten Teil von Hartz-IV-Empfängern, Rentnern, kinderreichen Familien und Asylbewerbern bewohnt. Im Triebischtal leben rund 10 000 Menschen, in der Altstadt 1200.

Meißen genießt wegen des Porzellans, der Albrechtsburg und der Figuren des Naumburger Meisters im Dom Weltruhm. Das Triebischtal ist weithin unbekannt. Inmitten einer intakten Stadtstruktur, die gesäumt ist von bewaldeten Hängen, begegneten mir Menschen voller Sprachlosigkeit und Abwehr. Auch eine ältere Dame, die mir auf dem Fußweg entgegenkam und der ich mich vorgestellt hatte, verweigerte zunächst den Kontakt. Nach einem kurzen Zögern jedoch schrie sie mich an: »Ich bin der Fußabtreter der Nation. Lassen Sie mich in Ruhe. Ich glaube niemandem mehr.« Wie es meinen Begleitern und mir gelingen konnte, sie dennoch in ein Gespräch zu verwickeln, weiß ich nicht mehr. Ich habe mir einige Daten aus ihrem Lebenslauf eingeprägt. Nicht, dass sie mir diese »erzählt« hätte. Sie hat sie mir geradezu vor die Füße geworfen.

»... am Ende des Krieges aus Oberschlesien geflohen, war ja noch ein Kind, viel gehungert, von den Einheimischen in Meißen widerwillig aufgenommen, wurden die ›Polacken‹ geschimpft, den Vater nie gesehen, wahrscheinlich an der Ostfront krepiert, Mutter war oft krank, schon als junges Mädchen geschuftet, in der Landwirtschaft, dann in der Porzelline, für Schulabschluss war keine Zeit, Geld für den Lebensunterhalt musste her, die Verwandten im Westen hatten es leicht, ja, hatte einen lieben Mann, leider früh gestorben, Kinder sind weit weg, lassen sich selten sehen, Rente reicht grade so aus, will nicht zum Amt betteln gehen, kleine Mietwohnung, rundherum nur Assis, machen die Nacht zum Tag, kann nicht mehr schlafen, der Wohnungsverwaltung ist's egal, sagen, sie können nichts machen, die Flüchtlinge bekommen es vorne und hinten reingeschoben. Wer hat uns denn geholfen? Was soll jetzt noch kommen? Ich bin der Fußabtreter der Nation.«

Das Beispiel dieser Frau macht klar, wie gering die Aussagekraft statistischer Durchschnittsangaben ist, wenn es um konkrete Menschen geht. In ihrer Lebensgeschichte spiegelt sich das Schicksal von ungezählten Deutschen, die mit einigem Recht behaupten können: »Die Geschichte und die Politik meinen es nicht gut mit uns. Es gibt keine Gerechtigkeit.« Gegen diese Frau stellte sich scheinbar alles: die Folgen eines Krieges, der tobte, als sie noch ein Kind war, der Verlust der Heimat, die Teilung Deutschlands, der ökonomische Niedergang des Ostens, die Alterung der Gesellschaft, Vereinzelung und Vereinsamung, die Spaltung einer Stadt, die zunehmende soziale Ungleichheit. Sie steht im Schatten.

Woher soll diese Frau die Kraft nehmen, offen und solidarisch mit Flüchtlingen umzugehen? Ich weiß es nicht. Ich weiß, dass es auch andere Beispiele gibt. Ja, es gibt Menschen, die sich gerade aufgrund eigener Not für andere öffnen. Aber kann man das von allen verlangen?

Als ich einem Bekannten von dieser Begegnung erzählte, machte er mich auf die in der psychologischen Forschung beschriebene Verbitterungsstörung[36] aufmerksam. Sie kann einen Menschen erfassen, wenn er die schwerwiegende Erschütterung einer Grundannahme erfährt. Jeder Mensch lebt von Grundannahmen. Es handelt sich um existenziell relevante Einstellungen und Wertorientierungen. Sie ermöglichen es ihm, sich dauerhaft kohärent zu verhalten. Zu den wichtigsten Grundannahmen gehören der Wert von Arbeit, die Verlässlichkeit von Vereinbarungen und der Glaube an eine gerechte Welt. Kränkungen sind die Folge von schweren, anhaltenden oder wiederholten Verletzungen dieser Annahmen. Wenn der Gekränkte darauf nicht mit wirksamer Verteidigung reagieren kann, können Hilflosigkeit, Resignation und Verbitterung einsetzen. Erhöhte Fallzahlen werden beobachtet, wenn größere Menschengruppen sozialen Umbrüchen unterworfen sind.

Ich habe oft über die Begegnung mit der älteren Dame im Triebischtal nachgedacht. Warum hat sie meine Anfrage derart vehement zurückgewiesen? An welchen wunden Punkt ihrer Existenz hatte ich gerührt? Ich kann nur Vermutungen anstellen. Ich nehme an, dass sie wie viele ihrer Generation zwei einschneidende soziale Umbrüche verkraften musste. Sie war für beide nicht verantwortlich und konnte sich gegen beide nicht wehren. Ihrem Alter nach trug sie nicht die geringste Mitschuld an den Gräueltaten der Nationalsozialisten. Sie musste sich nach 1945 in fremder Umgebung neu zurechtfinden. Ihr Schicksal als deutscher Flüchtling aus den Ostgebieten erfuhr weder in der Sowjetischen Besatzungszone noch in der DDR öffentliche Anerkennung. Ganz im Gegenteil. Ihr schlugen Misstrauen und Missgunst entgegen. Sie musste vermeiden, öffentlich von ihrer Heimat zu sprechen. Dies hätte ihr als politischer Revanchismus ausgelegt werden können.

Das, was man als persönliche Vergangenheitsbewältigung bezeichnet, fand für sie nicht statt. Sie trug im Lebensgepäck die Last einer schweren Schuld, die andere auf sich geladen hatten. Sie hatte keine Gelegenheit und keine Übung, über sich und ihre Gefühle zu sprechen. Das war bei den Angehörigen ihrer Generation schlicht nicht üblich. Sie hat gelernt, dass es im Leben darauf ankommt, sich anzupassen und zu funktionieren. Auch der zweite soziale Umbruch, der sich mit der Wiedervereinigung vollzog, konnte die anhaltend und dauerhaft empfundene Kränkung nicht heilen. Wahrscheinlich gehört sie einem Jahrgang an, der sich 1990 wenige Jahre vor dem Eintritt ins Rentenalter befand. In dem einsetzenden Umbau der Wirtschaft blieb sprichwörtlich kein Stein auf dem anderen. Ein beruflicher Neuanfang dürfte für sie nicht mehr möglich gewesen sein. Ihr blieben nur Arbeitslosigkeit, Minijobs, Frühpensionierung und Niedrigrente. Auch in dieser Phase ging das Interesse für sie und ihr Schicksal gegen null. Die öffentliche Wahrnehmung und Berichterstattung Anfang der 90er-Jahre war geprägt von Euphorie und Dankbarkeit. Eine ausführliche wissenschaftliche Beschreibung dieses im Osten häufig zu beobachtenden Phänomens erfolgte durch Michael Linden nach der deutschen Wiedervereinigung.[37]

Obgleich ich über 20 Jahre als Seelsorger in verschiedenen Orten mit sozialen Spannungen gearbeitet habe, sind mir niemals so viele verschlossene, verbitterte und teilweise hasserfüllte Menschen begegnet wie bei den Demonstranten von Pegida in Dresden. Stephan Schack hat die Empörungsbewegung neurowissenschaftlich untersucht. Er hat dargelegt, wie stark psychologische Faktoren die Entwicklung in den östlichen Bundesländern beeinflussen.[38] Sie sind zu einem entscheidenden Politikum geworden, das die AfD aufzugreifen und auszunutzen versteht. Politiker anderer Parteien argumentieren meist mit dem Hinweis auf gute ökonomische Eckdaten, auf die sinkende Arbeitslosigkeit, auf den Schuldenabbau und das europäische Friedensprojekt. Sie bemühen Statistiken und Durchschnittsangaben, die mit dem Alltagsleben vieler Menschen nichts zu tun haben. Ihre Argumentation wirkt technokratisch, kalt und distanziert.

Es ist fatal, den sogenannten kleinen Leuten »draußen im Land« mitzuteilen, dass ihre Probleme angesichts der großen und wichtigen Weltprobleme klein und unwichtig sind. Die Neujahrsansprache von Angela Merkel im Januar 2015 ist ein prominentes und folgenschweres Beispiel dieser Fatalität. Die Bundeskanzlerin sprach mit viel Empathie über kurdische Flüchtlinge, über die von Ebola heimgesuchten afrikanischen Länder, über die Opfer der Terrororganisation IS und über Europas Solidarität mit der Ukraine im Konflikt um die Halbinsel Krim. Für die Demonstranten bei Pegida in Deutschland hatte sie eine Belehrung und eine Empfehlung übrig: »Heute rufen manche wieder ›Wir sind das Volk‹. Aber tatsächlich meinen sie ›Ihr gehört nicht dazu wegen eurer Hautfarbe oder eurer Religion‹. Deshalb sage ich allen, die auf solche Demonstrationen gehen: Folgen Sie denen nicht, die dazu aufrufen. Denn zu oft sind Vorurteile, ist Kälte, ja sogar Hass in deren Herzen.«

Eine bessere Unterstützung hätten sich die Organisatoren von Pegida nicht wünschen können. Es war eine humanitäre Entscheidung der Bundeskanzlerin, die auf dem Budapester Bahnhof und auf den österreichischen Straßen gestrandeten Flüchtlinge unkontrolliert in die Bundesrepublik einreisen zu lassen. Ihr am 31. August 2015 eher lapidar ausgesprochener Satz »Wir schaffen das« klang in den Ohren vieler Menschen wie der Sound der Willkommenskultur, in den Ohren vieler anderer wie Hohn und Spott. Die Republik spaltete sich nicht nur prinzipiell, sondern praktisch. Sie entzweite sich, weil die mit der Umsetzung beauftragten Länder und

Kommunen von der Bundesregierung über lange Zeit alleingelassen wurden.

Die Neue Rechte spielt grandios auf der Klaviatur der Empörung gegen die Abgehobenheit des politischen Establishments. Bei einer Veranstaltung am 8. März 2018 im Dresdner Kulturpalast plädierte Götz Kubitschek, einer der prominentesten Vertreter der Neuen Rechten, dafür, die Meinungsfreiheit von ihren Rändern her zu verteidigen. Er sei strikt dafür, »dass der Riss noch tiefer wird, dass die Sprache noch deutlicher wird, noch konkreter wird«. Es müsse klar gesagt werden, wer unsere Solidarität verdient und wer nicht. Die ewig gleiche Käseglocke über diesem Land müsse verschwinden. Zuvor hatte der Schriftsteller Uwe Tellkamp mit einer aus der Luft gegriffenen Zahl behauptet, »95 Prozent der Menschen, die fliehen«, würden kommen, um in unsere Sozialsysteme einzuwandern.[39]

Der Saal war voll besetzt, und beide Herren erhielten Applaus von vielen Besuchern. Die Veranstaltung hat die Inhalte und die Formen der Auseinandersetzung vorweggenommen, von denen die Wahlkämpfe 2019 geprägt sein werden. Es wird darum gehen, das Auseinanderdriften der Gesellschaft zu stoppen, Konzepte für mehr Gerechtigkeit und Solidarität vorzulegen und nahe bei den Menschen an der Basis zu sein. Ihre Bereitschaft, Flüchtlinge und Asylbewerber aufzunehmen und zu integrieren, hängt wesentlich davon ab, ob sie sich selbst aufgenommen, wertgeschätzt und integriert fühlen. Solange die Schere der Ungleichheit zwischen den Superreichen und den Armen immer weiter aufgeht, solange die neuen Bundesländer ausbluten und den alten hinterherhinken, so lange wird es der AfD im Osten leichtfallen, sich zum Verteidiger Deutschlands und zum Vollstrecker der patriotischen Solidarität zu erklären.

Das Meißner Triebischtal ist mit seinen 10 000 Einwohnern nicht nur ein Stadtteil. Es ist eine kleine Stadt, in der die Schwachen, die Benachteiligten, die aus der Bahn Geratenen und die vom Schicksal Geschlagenen versammelt sind. Ich bin jungen Menschen begegnet, die keine Hoffnung für ihr Leben formulieren konnten. Es gibt eine offene Alkoholiker- und eine ziemlich offene Drogenszene. Die Bewohner des Triebischtals leben in der Nähe einer historischen Altstadt, die an manchen Tagen des Jahres von Touristen überquillt. Die Triebischtaler haben damit nichts zu tun. Sie leben in ihrer eigenen Welt. Sie haben sich in ihr eingerichtet. Viele erwarten vom Staat und »der Politik« nichts mehr.

Einige Male, wie zum Beispiel beim Besuch der Heilsarmee, ergaben sich offene und schonungslos ehrliche Gespräche. »Ich wähl dich, weil ich dich mag. Aber machen kannste nichts. Hier in Meißen bestimmt die Wirtschaft, wo's langgeht. Der Bürgermeister macht, was die Chefs der Autohäuser sagen. Wie überall. Guck dir bloß VW an«, sagte mir ein 30-jähriger Arbeitsloser, der aussah, als sei er 60. Eines Abends traf ich ihn wieder in der »Linde«, dem einzigen Gasthaus im Triebischtal, das spätabends noch geöffnet hatte. Es ist mir in den Monaten des Wahlkampfs regelrecht ans Herz gewachsen. Die Sprache, die da gesprochen wurde, war die Sprache meiner Kindheit. Sie war eindeutig. Es genügten wenige Worte. Und es fehlte ihr nur selten der Schalk.

Schon ein paar Hundert Meter weiter, im historischen Zentrum von Meißen, sucht man diese Sprache vergeblich. Es ist mittlerweile oft genug gesagt worden, dass die Gesellschaft auseinanderfällt. Wie schnell das im Osten geschehen konnte und wie tief die sozialen Gräben inzwischen geworden sind, überrascht mich nach wie vor. Die Wahlbeteiligung im Triebischtal war im Vergleich der Stadtteile Meißens besonders niedrig, der Wähleranteil der AfD hingegen besonders hoch. Meißen hatte sich bei der Wahl zum Bundestag im Herbst 2017 als Hochburg der AfD etabliert. Die Partei erhielt 32,9 Prozent der Zweitstimmen. Die CDU landete abgeschlagen bei 26,1 Prozent, die Linke bei 12,7, die SPD bei 8,9 Prozent.

In seiner Rede beim Kyffhäusertreffen 2018 nahm Björn Höcke kein Blatt vor den Mund. Er zeichnete die politische Marschrichtung mit klaren Worten: »Die Linke hat die Arbeiter, die Angestellten und die kleinen Leute verraten, indem sie die soziale Frage verraten hat. … Die soziale Frage war das Kronjuwel der Linken, ihre Existenzgarantie. … Wenn wir als AfD glaubwürdig bleiben und entschlossen bleiben, dann können wir der Linken dieses Kronjuwel jetzt abjagen. Und das sollten wir tun.«[40]

Höcke verortet seine Partei im »Kraftfeld von Identität und Solidarität«. Er schwört sie ein auf einen »solidarischen Patriotismus«. Flüchtlinge und Asylbewerber dürften darin keine Berücksichtigung finden. Auf seiner Agenda stehen ein »Remigrationsprogramm« und ein »Deislamisierungsprogramm«. Mit welchen Methoden er diese Programme umzusetzen gedenkt, lässt er offen. Eines allerdings macht er klar: »Das Sozialamt Deutschland wird geschlossen.«[41] Er kündigt an, dabei mit hundertprozentiger Kompromisslosigkeit vorzugehen.

Fremde Schutzsuchende gegen einheimische Bedürftige auszuspielen verspricht politischen Erfolg. Dieser könnte sich schon in diesem Jahr einstellen. Die AfD strebt an, so stark zu werden, dass an ihr vorbei nicht regiert werden kann. Höcke hat sie als die »einzig relevante Volkspartei in Deutschland« bezeichnet. Dr. Joachim Keiler, Anwärter der AfD für das Amt des Oberbürgermeisters von Meißen, wurde im ersten Wahlgang am 9. September 2018 deklassiert. Er zog seine Kandidatur zurück. Die Verbreitung von Angst schien ihm das beste Mittel, mich als Oberbürgermeister zu verhindern. In einer Erklärung sagte er: »Wer Richter wählt, wählt noch mehr illegale Massenmigration in die Domstadt. … Bereits jetzt ändert sich Meißens Stadtbild in atemberaubender Geschwindigkeit. Immer mehr junge Männer, sichtbar aus dem nordafrikanischen und arabischen Raum, tauchen auf und belagern beschäftigungslos das Elbufer. … Immer mehr verhüllte Frauen mit religiösem Kopftuch schieben Kinderwagen durch die Stadt. Das hat nichts mit kultureller Vielfalt zu tun – für die die AfD steht –, sondern mit fortschreitender Landnahme des im Wesen intoleranten, frauenfeindlichen und rückwärtsgewandten Islam.«[42]

Bemerkenswert ist die wahrheitswidrige Unterstellung, der Oberbürgermeister einer Kleinstadt könnte über »Massenmigration« entscheiden. Politisch alarmierend ist die Bereitschaft, mit blanker Panikmache Politik zu machen. Auf einem von »Firmen, Handwerkern, Gewerbetreibenden, Angestellten, Bürgern und Beamten der Stadt Meißen«[43] finanzierten Handzettel wurde angekündigt, dass es zu einer grenzenlosen »Messermigration« an Schulen und zur »Integration von Pharmafachhändlern« kommen würde. Die Wahlkämpfe des Jahres 2019 dürften schmutzige Wahlkämpfe werden.

In meiner kleinen Streitschrift »Hört endlich zu«[44] habe ich das Dorf Jamel in Mecklenburg-Vorpommern beschrieben. Es ist ein Beispiel für eine »staats- und demokratieentleerte Zone«, in der sich Rechtsextremisten eingerichtet haben. Die Situation in Meißen und anderen sächsischen Städten belegt, wie schnell das Gedankengut der Neuen Rechten in die Mitte der Gesellschaft vordringen und politische Dominanz gewinnen kann.

Kein Land in Sicht

Oft sind es die Worte der alten Weisen, die den Nagel auf den Kopf treffen. Hans-Eckardt Wenzel ist ein solcher (alter) Weiser. Ich konnte ihn am 9. November 2018 in Meißen erleben. Sein neues Programm hatte Premiere. Das Lied »Kein Land in Sicht« nimmt das Wort der Seeleute auf, beschreibt die Situation an Deck und trifft damit den Gemütszustand vieler. Wenzel fragt: Wo sind wir hingeraten, wenn unsere einzige Hoffnung darin besteht, dass es nicht ganz so schlimm kommen möge, wie es wohl kommen wird?

Der andere Weise, den ich zitieren möchte, ist Oskar Negt. Ich hatte vor drei Jahren die Gelegenheit, ihn bei einer Veranstaltung sprechen zu hören. Oskar Negt gehört dem Jahrgang 1934 an und zählt zu den bekanntesten Soziologen und Sozialphilosophen Deutschlands. Auf die Frage, was die gegenwärtige Situation auszeichne, antwortete er: ein eklatanter Orientierungsnotstand. In seiner am 18. September 2016 vor Bundestagsabgeordneten gehaltenen Ansprache beschrieb er die politische Krise. Er erinnerte, wie die Nazis im Schutz der Zerstrittenheit der Demokraten und ununterbrochener Wahlerfolge ihre Machtpositionen peu à peu ausbauen konnten. »1930 hätte eine Wende vielleicht noch gelingen können. Ein Jahr später schon nicht mehr. Das darf sich nicht wiederholen.«[45]

Den linken Parteien wirft er die Preisgabe gesellschaftlicher Utopien vor und zitiert seinerseits Ernst Bloch: »Die Gegenwart leidet an chronischer Unterernährung der Phantasie.«[46] Ohne diese aber verkommt Politik zur Verwaltung. Ob den Menschen im Westen Deutschlands dieses Defizit weniger zu schaffen macht als denen im Osten? Deren ideelle Reserven scheinen aufgebraucht. Viele hatten ihre Hoffnung in die Wiedervereinigung gesetzt und wurden eines Besseren belehrt. Längst wissen sie, dass sie sich Illusionen hingegeben haben. Sich der eigenen Naivität bewusst zu werden ist nicht leicht. Die Liste ostdeutscher Enttäuschungen ist lang. Mir geht es an dieser Stelle – in einem vierten Gedankengang – um die ideelle Seite der Stimmungslage im Osten.

Der Osten Deutschlands zeichnet sich aus durch eine stark ausgeprägte Säkularisierung. Nur in wenigen anderen Regionen Europas geben so viele Menschen zu erkennen, dass ihnen die Religion nichts zu sagen hat. Die Kirchen braucht man höchstens für die rituelle, kulturelle und ästhetische Ausgestaltung besonderer Lebenslagen. Dabei kann es sich um schöne Momente handeln wie zum Beispiel eine Eheschließung. Es kann sich um die Verarbeitung bedrückender Situationen handeln wie zum Beispiel die Gedenkstunde für Unfallopfer. Auch zu Weihnachten sind die Kirchen gut gefüllt. Die kulturelle Prägekraft dieses Festes scheint auch im Osten Deutschlands ungebrochen. Die künstlerische Anziehungskraft weihnachtlicher Musik ist groß. Die dunkle

Jahreszeit lädt ein zu einer unbestimmten Form von Innerlichkeit. Auch das Bedürfnis nach einer temporären Erholung vom hektischen Alltagsstress scheint um den Jahreswechsel herum größer zu sein als sonst.

In offiziellen Zusammenhängen werden die Kirchen bemüht in ihrer Rolle als moralische Anstalten. Dass es zehn Gebote gibt, hat sich auch bei hartgesottenen Atheisten eingeprägt. Es ist allseits bekannt, dass diese Gebote in der Bibel stehen und es sich bei der Bibel um ein kirchliches Buch handelt. Und wenn von Kultusministern die Notwendigkeit der sogenannten Wertevermittlung zum x-ten Mal beschworen wird, darf die Erwähnung der Kirchen nicht fehlen.

Sie, geschätzter Leser, geschätzte Leserin, haben den ironischen Unterton herausgehört. Alles, was ich aufgezählt habe, hat herzlich wenig zu tun mit einem Verständnis der Eigenständigkeit von Religion. Viele meinen, Religionen müssten sich gesellschaftlich, politisch und moralisch verwerten lassen. Auch die aufwendige Feier des 500. Jubiläums der Reformation und die vorausgegangene Luther- bzw. Reformationsdekade waren geprägt von Nützlichkeitserwägungen. Sie haben keine religiöse Renaissance ausgelöst. Nein, Ostdeutsche sind, einen Ausspruch Max Webers aufgreifend, »religiös unmusikalisch«. Der Mehrheit der Menschen fehlt ein direkter und entspannter Zugang zu transzendentalen Wirklichkeiten. Sie sind deshalb keine schlechteren oder gar unmoralischeren Menschen. Das wäre ein großes Missverständnis. Im Gegenteil! Ich habe großen Respekt vor allen weltanschaulich Unbehausten, die sich ihre Ethik ohne Rückgriff auf religiöse Traditionen erarbeiten müssen und gewissenhaft danach leben. Trotz der verbreiteten Gleichgültigkeit gegenüber der Religion gibt es im Osten Deutschlands keine dezidiert kirchenfeindliche Stimmung. Der Respekt ist vielmehr offenbar wechselseitig. Wodurch ist er begründet?

Der Blick in die Geschichtsbücher belegt zunächst, dass das vergangene Jahrhundert geprägt war von einer zum Teil erbitterten Feindschaft zwischen Kommunisten und Christen. Die Kirchen haben das marxistische Geschichts- und Menschenbild entschieden bekämpft. Es hatte sich ohne Rückgriff auf eine irgendwie geartete Gottesvorstellung etabliert. In der Sowjetunion und ihren Satellitenstaaten wurde die öffentliche Religionsausübung behindert und unterdrückt. Unter Lenin und Stalin galten Kleriker als Staatsfeinde. Nach Angaben der orthodoxen Kirche wurden zwischen 1917 und 1940 über 100 000 Priester, Nonnen, Mönche und andere kirchliche Mitarbeiter verhaftet, viele davon erschossen. Nach dem militärischen Überfall auf die Sowjetunion im Jahr 1941 ließ die Christenverfolgung spürbar nach. Die orthodoxe Kirche wurde als ein Teil des russischen Patriotismus gebraucht. Im Großen Vaterländischen Krieg gegen die Wehrmacht und das nationalsozialistische Deutschland erschien die Verfolgung religiöser Russen politisch inopportun.

Dies führte allerdings nicht zu einer dauerhaften Liberalisierung. Die Kirchen und Religionsgemeinschaften litten in den vom Sowjetkommunismus beherrschten Staaten auch nach 1945 in unterschiedlich harter Form unter Verfolgungen und Sanktionen. Erst der Zerfall des sowjetischen Imperiums und der Siegeszug einer marktradikalen und neoliberalistischen Gesellschafts- und Wirtschaftspolitik machten den Weg frei für eine Neubesinnung. Sozialisten und Christen entdeckten Gemeinsamkeiten. Diese waren von den ideologischen Auseinandersetzungen der Vergangenheit zugedeckt und überlagert worden. Man hatte sie kaum gesehen. Sie waren politisch unwirksam geblieben. Nun wurden sie interessant im Zusammenhang mit der Frage, wie eine auf Konkurrenz gebürstete Gesellschaft zusammengehalten werden kann. Wie begründen sich Gemeinschaft, Gerechtigkeit und Solidarität, wenn sich alle im Wettbewerb befinden?

Der Staat DDR gründete ideologisch auf der Weltanschauung des Marxismus-Leninismus. Dieser war materialistisch in einem theoretischen Sinn. Er begründete ein Ordnungssystem, in dem sich jeder Einzelne aufgehoben wusste. Der Marxismus-Leninismus vermittelte Ideale. Deren Verwirklichung sollte am Ende der Geschichte die kommunistische Gesellschaft hervorbringen. Dann würden alle Menschen gleich sein an Rechten und frei von Ausbeutung leben können. So fern es auch schien, man hatte ein Ziel.

Spätestens am Ende der 80er-Jahre hatte sich diese Ideologie verbraucht und als untauglich erwiesen. Sie konnte weder der Gesellschaft noch der Wirtschaft eine tragfähige Struktur verleihen. Die DDR brach zusammen. Es dauerte ein knappes Jahr, bis sich alle stabilisierenden Kräfte verschlissen hatten. Der Marxismus-Leninismus war schon eher am Ende. In kürzester Zeit wurden die Lehrstühle abgewickelt und die Inhalte des Schulfachs Staatsbürgerkunde über Bord geworfen. Was in den Köpfen übrig blieb, war ein praktischer Materialismus, der den Kompass der Marx'schen Ideale von einer gerechteren Welt verloren hatte. Viele seiner Anhänger aus dem Osten trieben orientierungslos im weiten Meer der Sinnlos-Angebote gen Westen. Von nun an schien es auszureichen, Produzent und Konsument zu sein und fortlaufend immer mehr zu produzieren, um immer mehr konsumieren zu können. Die kommunistische Wahnvorstellung eines der Geschichte innewohnenden Fortschritts hatte sich erledigt. Das Paradies des Kommunismus war eine Fata Morgana. Die kapitalistische Wahnvorstellung vom Wohlstand für alle durch Wirtschaftswachstum für immer kam wie gerufen. Sie konnte die geistige Leere nicht füllen.

Möglicherweise vermag die Religion im Westen noch immer eine gewisse Orientierung zu geben. Sie ist Ressource und Reserve in unsicheren Zeiten. Im Osten Deutschlands ist das jedoch kaum der Fall. Oskar Negt schlägt vor, dass sich die Parteien des linken Spektrums zusammentun sollten. Sie könnten die Vision von einem ressourcenschonenden Leben und nachhaltigen Wirtschaften entwickeln, in der die humanistischen Prinzipien für alle Kinder dieser Erde zur Geltung kommen. Eine solche Vision für die Welt sind die Menschenrechte, deren 70. Jubiläum der Verkündung wir am 10. Dezember 2018 gefeiert haben.

Aber zurück in den Osten! Ich glaube nicht, dass der beschriebene Orientierungsnotstand den Verantwortlichen in den Ministerien bewusst ist. Sie können freilich nicht mehr übersehen, dass viele Jugendliche rechtsextrem, völkisch und rassistisch denken. Brunhild Kurth (CDU), inzwischen zurückgetretene Kultusministerin in Sachsen, veröffentlichte am 10. Dezember 2016 einen bemerkenswerten Blog.[47] Darin heißt es: »Der Sachsen-Monitor brachte alarmierende Ergebnisse ans Licht: Ein relativ hoher Anteil der jungen Menschen in Sachsen zeigt menschenfeindliche oder gar rechtsradikale Einstellungen. 29 Prozent der 18- bis 29-Jährigen sind der Auffassung, die Verbrechen des Nationalsozialismus würden in der Geschichtsschreibung übertrieben. Der Aussage ›Muslimen sollte die Zuwanderung nach Deutschland untersagt werden‹ stimmen 49 Prozent der jungen Sachsen zu. ›Juden versuchen heute Vorteile daraus zu ziehen, dass sie während der Nazi-Zeit die Opfer gewesen sind‹ – diese Aussage vertreten immerhin 46 Prozent der 18- bis 29-Jährigen.« Diese Worte der Ministerin sind ein Offenbarungseid. 26 Jahre nach der deutschen Wiedervereinigung vertreten zwischen einem Drittel und der Hälfte der Jugendlichen, die alle an den Schulen des Freistaats Sachsen unterrichtet wurden, antisemitische, rassistische und tendenziell neonationalsozialistische Auffassungen.

Die erhobenen Einstellungen des »Sachsen-Monitors« für das Jahr 2017 und 2018 geben keinen Anlass zur Entwarnung. Brunhild Kurth hat recht, wenn sie darauf hinweist, dass die Schulen nicht für alles verantwortlich gemacht werden können. Allerdings stellen sie die personell, finanziell und strukturell größte Unternehmung des Staates dar. Man darf daher sehr wohl fragen, was bei ihren Bemühungen herauskommt. Offenbar leiden auch sie unter einem Orientierungsnotstand.

Die Fixierung auf PISA[48] war in Sachsen über Jahre hinweg gang und gäbe. Das Land hatte stets gute Ergebnisse aufzuweisen. Dass diese allerdings für den Ausweis einer guten Bildung gehalten wurden, hatte verheerende Folgen und beweist die Dürftigkeit des Bildungsverständnisses der Verantwortlichen. Im Vordergrund bei PISA standen elementare Kulturtechniken sowie informationelle und technische Fähigkeiten. Andere, wie zum Beispiel die musische, die ästhetische, die kulturelle, die ethische und die politische Bildung, wurden entweder gar nicht untersucht oder nicht wirklich wahrgenommen.[49] Die entsprechenden Fächer wurden vernachlässigt, was jedoch nicht PISA angelastet werden kann. PISA hätte es besser nicht geben sollen.

Dass sich der demokratische Staat parteipolitisch neutral verhalten muss, ist klar. Klar ist aber auch, dass er den Schülern eine politische Orientierung vermitteln sollte, die sich unmissverständlich am Grundgesetz und den zugrunde liegenden Werten ausrichtet. Dazu gehören die Achtung vor der Würde jedes Menschen, die Einhaltung der Grundrechte und ihre Verteidigung, die Gemeinwohlorientierung, die Toleranz gegenüber Andersdenkenden, die Wertschätzung von Freiheit, Solidarität und Gerechtigkeit. Dass es diesbezüglich Defizite gibt, ist unbestritten. Dass die Defizite im Osten Deutschlands größer sind als im Westen, ist offenkundig und wenig verwunderlich.

Die Gesellschaft im Osten kommt aus einer Vergangenheit, in der sich autoritäre Denk- und Verhaltensmuster eingeprägt haben. Die Zeit zwischen 1918 und 1933 ist im kommunikativen Gedächtnis haften geblieben als eine Zeit der nationalen Demütigung, der wirtschaftlichen Not und des Versagens der Demokratie. Ihr folgte die Zeit des Nationalsozialismus. Diese war eine zunächst von einem großen Teil der Bevölkerung getragene totalitäre Diktatur, in der es lebensgefährlich war, gegen den Strom zu schwimmen. Sie endete in einer traumatischen Katastrophe, nach der sich die Wege des Westens und des Ostens trennten.

Im Osten war es kein Problem, die Niederlage Deutschlands als Befreiung zu bezeichnen. Im Gegenteil! Der 8. Mai galt offiziell als Tag der Befreiung. Dass die Rede des westdeutschen Bundespräsidenten Richard von Weizsäcker am 8. Mai 1985 Aufsehen erregte, weil er das Kriegsende nicht als Niederlage, sondern als Befreiung bezeichnet hatte, stieß in der DDR auf allgemeine Verwunderung, hatte er doch lediglich eine Selbstverständlichkeit ausgesprochen.

Unter der Decke des staatlich vorgegebenen Geschichtsverständnisses waberte allerdings eine tiefe Ablehnung. Die Rote Armee, im Alltag als »die Russen« bezeichnet, galt vielen nicht als Armee der Befreier, sondern als eine der Besatzer und Plünderer. Die sowjetische Besatzungsmacht verübte in der Tat – besonders in der Zeit zwischen 1945 und 1949 – neues Unrecht. Es kam zu Vergewaltigungen und zu willkürlichen Verhaftungen, zu Deportationen und weiteren Untaten. Die aggressive Anwesenheit der neuen Herrscher machte es leicht, sich vor der Frage zu drücken, wie man sich zu den alten Herrschern verhalten hatte. Warum sollte man sich mit der eigenen Täterschaft befassen, wo man doch selbst ein Opfer war?

Im neuen Staat DDR, der sich selbst als »Diktatur des Proletariats« bezeichnete, waren öffentliche und kontroverse geschichtspolitische Diskussionen kaum möglich. Erneut bestätigte sich die Erfahrung, dass man es als »einfacher« Bürger besser unterlässt, öffentlich und frei seine politische Meinung zu sagen. Der emanzipatorische und in der deutschen Geschichte einmalige Vorgang der friedlichen Revolution war 1989 das Werk weniger. Er konnte erfolgreich sein aufgrund günstiger äußerer Umstände. Aus dem Zentrum der Macht, »von oben«, aus Moskau, war das Signal gekommen: »Glasnost und Perestroika«, Offenheit und Umgestaltung. Der Hinweis darauf relativiert nicht den revolutionären Mut und die Intelligenz der vielen Zehntausend DDR-Bürger. Als sie die Diktatur durch ihre Demonstrationen zum Einsturz brachten, wussten sie nicht, wie hohl und marode der Staat bereits war. Für das Verständnis der gesellschaftlichen Situation heute ist allerdings wichtig, dass sich die große Mehrheit der DDR-Bürger passiv verhielt. Sie wartete ab, in welche Richtung sich die politischen Ereignisse entwickeln würden.

Außerdem gibt es einen wichtigen Unterschied. Am 9. Oktober 1989 waren es rund 70 000 Menschen, die durch Leipzig demonstrierten und die Zentrale des Staatssicherheitsdienstes am Dietrichring passierten. Sie hatten keinen Anführer, verhielten sich vielmehr wie Bürger, die sich ihren Staat zurückeroberten. Eine ähnlich große Zahl an Demonstranten kam in Dresden erst am 19. Dezember 1989 zusammen, als Bundeskanzler Helmut Kohl vor der Ruine der Frauenkirche sprach. Dort waren es ungefähr 60 000 Menschen. Die Menge feierte ihn wie einen Messias. Er selbst bezeichnete die Versammlung als Kundgebung. Den Versammelten ging es, wie Ton- und Bildmitschnitte belegen, weniger um die Demokratie als um die Einheit Deutschlands.

Beobachter der sächsischen Politik und Gesellschaft verweisen unisono auf den Unterschied zwischen Leipzig und Dresden. Leipzig steht für Liberalität, Pluralität, Weltoffenheit, Bürgersinn und Laissez-faire und bildet in Sachsen eine Ausnahme. Neben Ostberlin war Leipzig die einzige Stadt in der DDR, die wegen der Handelsmesse regelmäßige Kontakte zum westlichen Ausland hatte. Leipzig tickt wie eine durchschnittliche westdeutsche Großstadt. Dresden hingegen steht für Konservatismus, Tradition, Monarchie, Ordnung und höfisches Verhalten. Als der Leichnam des letzten sächsischen Königs, Friedrich August des Dritten, am 23. Februar 1932 in einer feierlichen Prozession in die Dresdner Hofkirche überführt wurde, säumten geschätzte 500 000 Menschen die Straßen. Es heißt, dass einige zu Tode gequetscht wurden, weil sie den Sarg sehen wollten.

Am Ende des Zweiten Weltkriegs erlebte Leipzig für einige Wochen die Befreiung durch die Amerikaner und damit einen kleinen politischen Frühling, bevor die Stadt am 2. Juli 1945 von der Roten Armee übernommen wurde. Dresden wurde am 8. Mai 1945 von Osten her befreit und gehörte sofort zur sowjetischen Besatzungszone. In Dresden konnte man in den Zeiten der DDR nicht einmal das westdeutsche Fernsehprogramm empfangen. Die Stadt war über 40 Jahre lang Teil einer ziemlich geschlossenen Gesellschaft.

Da ich in der Nähe Dresdens aufgewachsen bin und die längste Zeit meines Lebens in der Stadt gewohnt habe, gestatte ich mir eine kurze Reverenz. Auch die Dresdner waren aktiv beteiligt an der friedlichen Revolution im Jahr 1989. Dresden bleibt bei aller Kritik eine faszinierende Stadt. Möglicherweise liegt genau darin das Problem. Die östlichste Groß-, Residenz- und Landeshauptstadt Deutschlands ist narzisstisch schön. In Dresden sind Etikette, Anstand und Protokoll nach wie vor wichtige Dinge. Sie erinnern an eine vermeintlich bessere Zeit. Schon in den Wochen des Niedergangs der DDR, im Spätherbst 1989, waren in Dresden zahlreiche weiß-grüne Fahnen zu sehen. Manche waren verziert mit dem königlichen Wappen. In der Phase tiefer politischer Unsicherheit erfolgte der Rückgriff auf Sachsen schneller und stärker als die Identifizierung mit Deutschland. Das Land Sachsen war 1952 auf Beschluss der SED aufgelöst worden. Die Erinnerung aber war geblieben und hat sich über die vielen Jahre verklärt. Tradition und Konservatismus halfen, die dunklen Seiten der sächsischen Geschichte auszublenden.

Jetzt, am Anfang des neuen Jahrhunderts, da Deutschland und Europa von neuen Unsicherheiten erfasst werden, neigt man im Osten der Republik erneut zum Rückgriff auf eine vermeintlich bessere Zeit. Die Phasen, die dem Westen Liberalisierung, Pluralisierung und Amerikanisierung brachten, sind am Osten vorübergegangen. Die kulturellen und politischen Ähnlichkeiten mit Polen, Tschechien und Ungarn sind kaum zu übersehen. Der Nationalismus verspricht den Benachteiligten alles, was sie verloren haben: Anerkennung, Wertschätzung und Zugehörigkeit. Dass sie ihm nachlaufen, ist fatal. Gleichwohl kann man es verstehen. Dass aber auch die Vertreter der gut situierten Intelligenz die Zukunft in der Vergangenheit suchen und der Neuen Rechten das Wort reden, bestätigt Oskar Negts Wort vom eklatanten Orientierungsnotstand.

Die Wölfe waren schon da

Noch vor wenigen Jahren bezeichnete man die Oberlausitz und andere Regionen im Osten als Wolfserwartungsgebiete. Es war ironisch gemeint. Längst ist bekannt, dass sich zahlreiche Rudel in Sachsen angesiedelt haben. Sie verursachen immer häufiger schwere Schäden, indem sie in Schafsherden eindringen und Nutztiere reißen. Die Rückkehr der Wölfe hängt nicht allein damit zusammen, dass bestimmte Regionen nur noch dünn besiedelt sind. Sie hat vor allem mit dem Verbot zu tun, die unter Artenschutz stehenden Tiere zu schießen. Und so sind die zurückgekehrten Wölfe zur Metapher geworden.

Dort, wo zu Zeiten der DDR viele Menschen aufgrund des Braunkohleabbaus ein gutes Auskommen hatten, wo Städte wie Hoyerswerda aufblühten und im Umfeld der Kombinate Einzelhandel und kleine Betriebe entstanden, sind die Entvölkerung und die Deindustrialisierung besonders deutlich zu sehen und zu spüren. Eine ähnliche Entwicklung haben die Regionen des Erzgebirges erlebt, in denen die Wismut AG Uran für die sowjetische Atomwirtschaft abbaute. Nach 1990 begann eine Deindustrialisierung, die nahezu das ganze Territorium der ehemaligen DDR erfasste. Die erfolgreiche Transformation von volkseigenen Betrieben und die Neuansiedlung von Industrien blieben auf wenige Leuchtturm-Standorte beschränkt.

Der Prozess des Ausverkaufs der Volkswirtschaft ist aufs Engste mit der Treuhandanstalt verbunden, der später Bundesanstalt für vereinigungsbedingte Sonderaufgaben genannten Institution. Sie war in den letzten Monaten der DDR gegründet worden, um das »Volkseigentum zu wahren« und es im Interesse der Allgemeinheit zu verwalten. In den Jahren nach der Wiedervereinigung wurde sie zum Hauptakteur, der die sozialistische Planwirtschaft in die Marktwirtschaft des Westens überführen sollte. Die Aufarbeitung ihrer Tätigkeit wurde immer wieder gefordert und hat inzwischen auch begonnen.

Die tief greifende und flächendeckende Umgestaltung der Wirtschaft im Osten veränderte auch die Gesellschaft tief greifend und flächendeckend. Der

Entindustrialisierung folgte die Entvölkerung vieler Regionen. Arbeit und Auskommen, Grund und Boden und die eigene Familie sind es, die über den Verbleib an einem Ort oder den Wegzug an einen anderen Ort entscheiden. Viele Ostdeutsche verloren nach 1990 die Arbeit. Viele besaßen weder Grund und Boden noch eine Immobilie. Zahlreiche junge Menschen, für die die Gründung einer Familie noch in weiter Ferne lag, zog es tatsächlich in die weite Ferne.

Inzwischen steigt die Quote der Rückkehrer an, allerdings auf niedrigem Niveau. Dem Fernweh folgt das Heimweh. Dies erfasst vor allem eine Generation, die entweder das Rentenalter schon erreicht hat oder es bald erreichen wird. Auf einer entsprechenden Seite der Bundeszentrale für politische Bildung heißt es: »Es fand ein allgemeiner Rückgang der Beschäftigung in Ostdeutschland von 10 Mio. Erwerbstätigen auf 6 Mio. im Jahre 1992 statt. Diese rückläufige Entwicklung setzt sich in abgeschwächtem Tempo bis heute fort: 1996 waren immer noch 6 Mio. Personen in Ostdeutschland erwerbstätig, 2006 lag die Zahl bei 5,6 Mio. In der ostdeutschen Industrie blieben in den 1990er Jahren nur 20 bis 25 Prozent der Arbeitsplätze erhalten.«[50]

Bedeutende Unternehmenszentralen fehlen. Kein einziger der im DAX notierten Konzerne hat seinen Stammsitz im Osten. Die einzige Ausnahme stellt die Jenoptik AG dar. »Forschung und Entwicklung, die unternehmensnah betrieben werden, um neue Produkte auf den Markt zu bringen, sind wichtige Faktoren eines eigenständigen wirtschaftlichen Aufstiegs. Die Beschäftigung in der Industrieforschung der DDR bzw. Ostdeutschlands fiel von 85 800 Personen im Jahre 1989 auf ca. 15 000 im Jahr 1993.«[51]

Nach 1945 hatte der Osten eine erste Entindustrialisierung. Nun folgte die zweite. Welche nachhaltigen Auswirkungen dies auf die allgemeine Stimmungslage hat, kann man sich ausmalen. Es ist unhistorisch, die untergegangene DDR nur von ihrem Ende her zu denken. In der Erinnerung vieler Ostdeutscher ist sie ein Land, in dem sie von Kindesbeinen an gelebt, gelernt, studiert und gearbeitet haben. Dazu kommt, dass der Staat DDR unter ungleich schwierigeren ökonomischen Voraussetzungen in seine Existenz startete als die Bundesrepublik. Die Nachteile bestanden vor allem in den zu leistenden Reparationen an die Sowjetunion und im Abfluss von Know-how in den Westen. Später kamen viele selbst verschuldete industriepolitische Fehlentscheidungen, ideologisch begründete Enteignungen und planwirtschaftlicher Unsinn hinzu. Gleichwohl gab es 1990 im Osten viele gut ausgebildete Ingenieure, politisch unbelastete Ökonomen und technische Intelligenzler in den Universitäten und Instituten. Ihre oft undifferenzierte »Abwicklung« – sprich Entlassung – wirkt als eine Erfahrung schwerer Demütigung bis heute nach. Oft waren es weniger intelligente Westdeutsche, die ihre Stellen einnahmen. Ihnen fehlte das soziale und kulturelle Kontextwissen, das für eine erfolgreiche Unternehmensführung unerlässlich ist. Der arbeitende Mensch stellte in der sozialistischen Gesellschaft ein Idealbild dar. Arbeit trug für den Einzelnen einen identitätsstiftenden und für die Gesellschaft einen konstituierenden Charakter. Nicht nur wegen der finanziellen Unsicherheit, in die sie stürzten, auch wegen des Verlusts dieses Ideals erlebten viele Menschen im Osten die Arbeitslosigkeit als schweren Einschnitt, als Makel und als Stigma.

Die Opfer und der Widerstand

In vielen Diskussionen über den Osten und die Verhinderung der Machtübernahme durch die Neue Rechte bin ich auf scharfsinnige Linke gestoßen. Sie haben mich kritisiert. Weil man von Kritikern bekanntlich mehr lernen kann als von Fans, sind sie eine Bereicherung. Sie haben recht und brechen die Lernwiderstände, an die man sich gerade gewöhnt hatte. Diesbezüglich sind Fundamentalisten im Vorteil. Sie kennen keine Lernwiderstände. Sie verkörpern diese. Ich allerdings bin kein Fundamentalist. Ich habe gelernt, dass mein ganzes fleißig angesammeltes Verständnis für die ostdeutschen Biografien und Schicksalsschläge missbraucht werden kann. Es ist dazu geeignet, die Larmoyanz mancher Opfererzählungen zu verstärken und der

Neuen Rechten somit in die Hände zu spielen. Dazu darf es aber nicht kommen, weil diese aus dem sogenannten Opfernarrativ ein Widerstandsrecht ableiten.

Wie hat Björn Höcke beim Kyffhäusertreffen in die grölende Menge gerufen? »Wenn Unrecht zu Recht wird, wird Widerstand zur Pflicht!«[52]

Die Kunst besteht also darin, das eine zu tun und das andere zu verhindern, die Wahrheit zu sagen und sie vor Missbrauch zu schützen, Menschen zu unterstützen und sie zu ermutigen, ihre Interessen selbst zu vertreten. Weder die Wahrheit noch die Menschen dürfen in die falschen Hände geraten.

Viele im Osten fühlen sich als betrogene Verlierer. Sie haben einen Verlust nach dem anderen erlitten. Sie haben nach dem Krieg die Heimat verloren. Sie haben zweimal die politische und ökonomische Augenhöhe mit den »Brüdern und Schwestern« im Westen verloren, erst durch die deutsche Teilung, dann durch die deutsche Wiedervereinigung. Viele haben in der Sowjetischen Besatzungszone und in der DDR Würde und Selbstbewusstsein verloren. Viele haben ihre Kinder und Enkel verloren, weil diese ihr Auskommen im Westen suchten und weggegangen sind. Andere haben ihr Selbstwertgefühl verloren, weil ihre Ausbildung und ihre Berufserfahrung nach der Wiedervereinigung nichts mehr wert waren. Etliche haben ihre weltanschauliche Orientierung und ihr Vertrauen in die Autoritäten verloren. Als sie jung waren, galten all diese

Dinge noch etwas. Viele haben die Übersicht verloren in einer immer unübersichtlicher werdenden Welt.

Es wäre falsch, diese Verluste zu leugnen. Es ist auch falsch, sie vom Tisch zu wischen, weil Menschen in anderen Regionen dieser Erde noch viel größere Verluste zu erleiden haben. Vor allem aber ist es falsch, dabei mitzutun, wenn die Neue Rechte die Verlierer im Osten darin bestärkt, sich im Kokon ihres Verliererdaseins einzuspinnen. Denn dabei wird es nicht bleiben. Aus dem Gespinst wird nach und nach eine Festung werden, aus der heraus der Widerstand organisiert wird. Zu den Zielen des Widerstands gehören die »Altparteien«, die »Volksverräter«, die »Lügenpresse«, die »Asyltouristen«, »das Establishment«, die »Brüsseler Diktatur«, »die Muslime« und alle »links-grün-versifften Gutmenschen«, mit anderen Worten: die demokratische Ordnung, ihre Prinzipien und Menschen, die sie tragen. Ziel des Widerstands ist die Verteidigung der deutschen Nation, des deutschen Volkes und der deutschen Kultur, wie die Neue Rechte diese versteht. Diese Verteidigung ist eine Sache der Ehre. Der »kollektiven und kulturellen Autoaggressivität«[53] der Deutschen muss, so ihre Forderung, ein Ende gesetzt werden.

Kenner der Szene[54] weisen darauf hin, dass für die Strategie der Neuen Rechten der Widerstand an sich wichtiger ist als die einzelnen Ziele desselben. Diese sind austauschbar, der Kampfmodus jedoch nicht. Er ist das Lebenselixier der Bewegung. Wenn man ihre Angriffe und Provokationen mit Gegenangriffen erwidert, bedient man ihr Bedürfnis nach Aufmerksamkeit und Kampf. Man gibt ihnen Anlass, sich als Opfer zu inszenieren und die Eskalationsschraube weiter anzuziehen. Vermeidet man hingegen die Auseinandersetzung, riskiert man, missverstanden und missbraucht zu werden. Die AfD nimmt es zum Anlass, sich zu gebärden, als sei sie eine normale demokratische Partei. Wollen Demokraten an demokratischen Gepflogenheiten festhalten, müssen sie sich mit ihren Argumenten befassen. Wenn sie es tun, verschaffen sie ihr damit einen Platz in der offenen Debatte.

Es ist ein Dilemma. Sicher. Aber es ist zugleich eines, in dem sich auch diese Partei befindet. Verhält sie sich seriös, wird sie für viele ihrer Anhänger uninteressant. Sucht sie die Provokation und schiebt die Grenzen des Sagbaren immer weiter hinaus in den Bereich der Verbalinjurien, demaskiert sie sich selbst. Ihr Spiel ist gefährlich. Der Ausgang ist offen. Die Neue Rechte ähnelt den Nationalsozialisten. Auch sie gaben sich seriös und demokratisch. Zugleich destabilisierten sie die staatliche Ordnung durch Angriff, Angst und Schrecken. Sie hatten ihre Anhängerschaft unter deutschnationalen Intelligenzlern gleichermaßen wie unter Soldaten, die geschlagen und entwurzelt von den Schlachtfeldern des Ersten Weltkriegs kamen und denen der Kampf zur zweiten Natur geworden war.

In der Tat ist es so, dass auch die Anhängerschaft der

Neuen Rechten mehrheitlich aus Männern besteht. Die Beschwörung männlicher Stärke und Entschlossenheit gehört zum Ritual. Zu den am meisten bejubelten Passagen in Höckes Rede beim Politischen Aschermittwoch 2018 im sächsischen Nentmannsdorf gehörte seine Forderung nach der Rückkehr der Männlichkeit in die deutsche Politik.[55] Die Anhänger können ihren kämpferischen Impetus schwerlich unterdrücken. Ihr Erscheinungsbild, ihr Auftreten und ihre Lautstärke machen Angst. Es ist nicht einfach, sich ihnen entgegenzustellen. Ende August 2018 sind in Chemnitz rechtsextreme Gruppen und Neonazis offen gegen Migranten, Gegendemonstranten, Polizisten und Medienvertreter vorgegangen. Und sie haben ein jüdisches Restaurant angriffen.

Wer in solchen Situationen an die Courage der Zivilgesellschaft appelliert, ist zynisch. In derartigen Fällen hat vielmehr der Staat die Pflicht, sein Gewaltmonopol durchzusetzen. In anderen Situationen ist es die Pflicht der Demokraten, den Feinden der Demokratie entgegenzutreten. Wer sich davor drückt, gerät ins Zwielicht. In besonderer Verantwortung stehen alle, die demokratisch gewählt sind, ein Mandat wahrnehmen oder ein Amt bekleiden. Ein Beispiel aus Sachsen:

Im Sommer 2015 etablierte sich in Meißen der sogenannte Heimatschutz. Der *Tagesspiegel* berichtete, wie diese Initiative Stimmung gegen Flüchtlinge machte.[56] Auf eine kurz vor der Eröffnung stehende Einrichtung für Asylbewerber hatte es einen Brandanschlag gegeben. Der für die Stadt zuständige Landrat Arndt Steinbach (CDU) äußerte am 10. Juli 2015 gegenüber einer RTL-Reporterin: »Die rechten Umtriebe sehe ich nicht, die Sie meinen. Ich weiß ja nicht. Sie werden das auch gar nicht beurteilen können. Sie kommen ja auch gar nicht von hier. Sie quatschen da ja einen Mist nach.«[57] Unglaublich! Nur ein knappes Jahr zuvor, am 31. August 2014, hatten Landtagswahlen in Sachsen stattgefunden. In den Wahlkreisen des Landkreises Meißen hatte die NPD 5,8 Prozent (Meißen 1), 6,6 Prozent (Meißen 2), 4,8 Prozent (Meißen 3) bzw. 3,3 Prozent (Meißen 4) der Wählerstimmen erhalten. Die AfD hatte im selben Wahlgang 9,6 Prozent (Meißen 1), 12,1 Prozent (Meißen 2), 11,8 Prozent (Meißen 3) bzw. 10,2 Prozent (Meißen 4) für sich verbucht.

Mirko Schmidt, ein Meißener, der später mit dem Brandanschlag in Verbindung gebracht wurde und diesen entschuldigend als »Schwachsinn« bezeichnete[58], war bereits 1997 Mitglied der NPD geworden. Ab 2000 war er Kreisvorsitzender und Mitglied im Landesvorstand, später Stadtrat, Kreisrat und Landtagsabgeordneter[59]. Seit Beginn ihrer Aktivitäten wurde die NPD vom sächsischen Verfassungsschutz als rechtsextrem und verfassungsfeindlich eingestuft. Schon einige Monate vor dem Brandanschlag, im Februar 2015, hatte Landrat Steinbach Demonstranten und Gegendemonstranten einer NPD-Veranstaltung ins Landratsamt eingeladen. Obwohl nur die Anhänger der NPD folgten, hielt er an seiner Einladung fest. Unter den Gesprächspartnern befand sich auch Jürgen Gansel, ein hochrangiger Funktionär der NPD.[60]

Dass Landrat Steinbach nach den Wahlergebnissen in seinem Landkreis und den beschriebenen Vorgängen keine rechten Umtriebe erkennen konnte, macht ratlos. Es hinterlässt die Frage, wie glaubhaft die Beteuerung von Spitzenpolitikern der Sächsischen Union ist, nicht mit der AfD zusammenarbeiten zu wollen.

»So geht sächsisch«

Unter dieser Überschrift warb der Freistaat seit 2013 mit einer Imagekampagne für sich und seinen guten Ruf. Nach Medienangaben soll die Kampagne über 30 Millionen Euro gekostet haben. Bereits 2015 wurde sie drastisch heruntergefahren. Die sich weltweit verbreitenden Nachrichten von angegriffenen Asylbewerberunterkünften, angepöbelten und beleidigten Journalisten und nationalistischen Parolen auf sächsischen Straßen erzielten eine deutlich größere Reichweite. In Kombination mit dem Slogan »So geht sächsisch« ernteten die Sachsen außer dem um sich greifenden Erschrecken auch noch Hohn und Spott.

Eine in diesem Zusammenhang immer wieder gestellte Frage lautete: Wie konnte es passieren, dass sich Fremdenfeindlichkeit, Rassismus und Rechtsextremismus ausgerechnet in diesem schönen Bundesland breitmachen konnten? Bei der Suche nach einer Antwort wurde eine Aussage des ehemaligen Ministerpräsidenten Kurt Biedenkopf besonders häufig zitiert. Er hatte im Jahr 2000 erklärt, dass die Sachsen immun seien gegen Rechtsextremismus. Es ist nicht leicht, die Quelle genau zu bestimmen. Fakt ist, dass Kurt Biedenkopf auf seine Behauptung angesprochen wurde und sie nicht nur niemals zurückgenommen, sondern verteidigt und bekräftigt hat. Anlässlich des ersten Jahrestags der Pegida-Demonstrationen meinte er im Oktober 2015 im ZDF: »Die Sachsen haben eine Innovation gehabt, eine politische Innovation, nämlich eine politische Gruppierung, die keine Partei ist, die sich aber in Anlehnung an frühere Protesterscheinungen in der Zeit vor der Wiedervereinigung an diese Erscheinungen anlehnen und aufmerksam machen.«[61]

In einem Interview mit der *Leipziger Volkszeitung* vom 21. September 2015 wurde Kurt Biedenkopf gefragt, warum er sich mit seiner Aussage von den »immunen Sachsen« so getäuscht habe. Er antwortete: »Wieso habe ich mich getäuscht? Die große Mehrheit ist immun und bleibt es – wie in Westdeutschland, wo der Rechtsextremismus in Gestalt der Republikaner in Baden-Württemberg seinen Anfang nahm. Überwiegend sind es Westdeutsche, die ihn nach Osten bringen. Dort, wo es ihnen gelingt, erzeugen sie zwar eine Protesthaltung, aber keine strategische Kraft.«[62]

Der ehemalige Ministerpräsident genießt bei vielen Sachsen nach wie vor den Ruf, ein überragend kluger und weitsichtiger Politiker zu sein. Die liebevoll-ironische Bezeichnung »König Kurt« klassifiziert ihn als eine Art Monarch und als Übervater der Neubegründung Sachsens. Sein Urteil hat Gewicht. Wie viel Schaden er mit seiner eklatanten Fehleinschätzung angerichtet hat, ist kaum zu bemessen. Biedenkopfs Verweis auf ähnliche Erscheinungen im Westen relativiert das politische Problem in gefährlicher Weise. Auch bedient er das beschriebene Opfernarrativ, indem er die westdeutsche Herkunft vieler Rechtsextremisten betont. Dieser Hinweis ist zweifellos richtig. Er öffnet zugleich die Flanke, von der aus die für rechte Ideen empfänglichen Ostdeutschen entschuldigt werden können. Der Frage, ob sich diese Ideen erst im Windschatten der Biedenkopf'schen Formulierung entwickeln konnten oder schon zuvor vorhanden waren, kann ich an dieser Stelle nicht nachgehen. Menschen mit fremdenfeindlichen, rassistischen, die Verbrechen des Nationalsozialismus und den Holocaust relativierenden, autoritären oder nationalistischen Gedanken gibt es sicherlich überall in Deutschland und der Welt.

Dafür, dass bestimmte Haltungen und politische Positionen in Sachsen ausgeprägt, oft vertreten und geäußert wurden, gibt es zahlreiche Beispiele. In vielen Fällen führten sie zu Irritationen nicht nur im Westen der Republik und zu entschiedener Ablehnung.

Einige Beispiele:

Steffen Heitmann, ein in Dresden lebender evangelischer Theologe, Kirchenjurist und bekennender Konservativer, sollte auf Wunsch Helmut Kohls 1994 zum ersten ostdeutschen Bundespräsidenten gewählt werden. Dies sollte ein wichtiges Signal im Prozess der inneren Einheit Deutschlands darstellen. Entscheidend dafür, dass der Plan nicht aufging, waren mehrere umstrittene Äußerungen Heitmanns. Am 18. September 1993 gab er der *Süddeutschen Zeitung* ein Interview. Einige der darin enthaltenen Äußerungen waren mindestens missverständlich. Andere belegten eine problematische Relativierung der Singularität des Holocausts. Ihre Anschlussfähigkeit an die politischen Forderungen der Neuen Rechten ist unverkennbar. Heitmann sagte: »Die deutsche Nachkriegssonderrolle war ja in gewisser Weise eine Fortsetzung der angemaßten Sonderrolle der NS-Zeit. Das ist zu Ende. […] Ich glaube, dass der organisierte Tod von Millionen Juden in Gaskammern tatsächlich einmalig ist – so wie es viele historisch einmalige Vorgänge gibt. Wiederholungen gibt es in der Geschichte ohnehin nicht. Ich glaube aber nicht, dass daraus eine Sonderrolle Deutschlands abzuleiten ist bis ans Ende der Geschichte. Es ist der Zeitpunkt gekommen – die Nachkriegszeit ist mit der deutschen Einheit endgültig zu Ende gegangen –, dieses Ereignis einzuordnen.«

Außerdem kritisierte er Tabus, von denen die politische Kultur in Deutschland geprägt sei: »Das Merkwürdige ist in der Bundesrepublik Deutschland, dass es ein paar Bereiche gibt, die sind tabuisiert. Es gibt eine intellektuelle Debattenlage, die nicht unbedingt dem Empfinden der Mehrheit der Bürger entspricht, die man aber nicht unbestraft verlassen kann. Und dazu gehört das Thema Ausländer. Dazu gehört das Thema Vergangenheit Deutschlands – die Nazi-Vergangenheit. Dazu gehört das Thema Frauen. Ich glaube, dass man diese Debatten auch aufbrechen muss, selbst auf die Gefahr hin, dass man in bestimmte Ecken gestellt wird, in denen man sich gar nicht wohlfühlt.« Nach diesen und ähnlichen Äußerungen konnte seine Kandidatur nicht aufrechterhalten werden. Der Sachse Heitmann verfehlte das höchste in Deutschland zu vergebende Staatsamt. Im November 2015 verließ er aus Protest gegen die Flüchtlingspolitik der Kanzlerin die CDU. Er machte sie für einen »unkontrollierten Flüchtlingsstrom« verantwortlich und erklärte: »Ich habe mich noch nie – nicht einmal in der DDR – so fremd in meinem Land gefühlt.«[63]

Volker Schimpff zählt zu den umstrittensten sächsischen Politikern. Er gehört der CDU an und war von 1990 bis 2004 als direkt gewählter Abgeordneter von Leipzig-Grünau Mitglied des Sächsischen Landtags. Von 1991 bis 1997 war er stellvertretender Landesvorsitzender seiner Partei. Bei einer Landtagsdebatte im Jahr 2000 sprach er als Vorsitzender des Verfassungs- und Rechtsausschusses. Es ging um die Unterstützung eines Beschlusses der Justizministerkonferenz über die Überstellung verurteilter Straftäter in ihr Heimatland. Er sagte, sein Mitleid halte sich in Grenzen, wenn ein Verbrecher in seinem Heimatland »bei der Arbeit Ketten an den Füßen hätte« oder für Disziplinverstöße »die in Afrika und Asien vorgesehenen Peitschenhiebe kriegte«[64]. Einige Abgeordnete verließen den Plenarsaal. Seine Äußerungen beschäftigten die Öffentlichkeit zuletzt, als ihm im Jahr 2007 das Bundesverdienstkreuz verliehen wurde. In einem Nachruf für den rechtspopulistischen Kärntner Landeshauptmann Jörg Haider bezeichnete Schimpff den Verstorbenen als »vielleicht hervorstechendsten Politiker deutscher Zunge«[65]. Volker Schimpff wendet sich entschieden »gegen Feministen, Feministinnen und Gender-Stars« und bevorzugt klare Worte. Als die von ihm favorisierte Kandidatin für die Kandidatur zum kommenden Landtag durchfiel, kommentierte er dies mit den Worten: »Nicht Männer, sondern Quoten-Tussis stehen starken Frauen im Wege.«[66]

Zu einem ganz Sachsen betreffenden politischen Erdrutsch kam es bei der Wahl am 19. September 2004. Die CDU verlor 15 Prozent. Die SPD landete bei 9,8 Prozent der Zweitstimmen. Die rechtsextreme NPD zog mit 9,2 Prozent in den Sächsischen Landtag ein und errang zwölf Mandate. Ihre Hochburgen lagen in denselben Regionen, in denen sich bei der Bundestagswahl 2017 die Hochburgen der AfD befanden: der ländliche Raum vor allem im Osten und Norden des Freistaats, die Sächsische Schweiz, das Osterzgebirge und das Vogtland.

Von den 18- bis 29-jährigen Wählern entschieden sich bei der Landtagswahl 2004 17 Prozent für die NPD, bei den 30- bis 44-Jährigen waren es 12 Prozent. Schon vor vierzehn Jahren war deutlich erkennbar, wo die politischen Probleme zu verorten sind. Es war klar, dass es eine beachtlich große Wählerschaft am äußersten rechten Rand des politischen Spektrums gibt und es sich dabei keineswegs nur um alte Menschen handelt. Denen hätte man mangelhafte Aufarbeitung der Geschichte oder eine fatale Anhänglichkeit an eine vergangene Zeit unterstellen können. Nein, es handelte sich vielmehr um zahlreiche junge Menschen, die von der Zeit des Nationalsozialismus wahrscheinlich nur im Geschichtsunterricht gehört hatten. Oder aber auch nicht! Jedenfalls handelte es sich um solche, die in sächsische Schulen gegangen waren und dort ihre historische und politische Bildung erfahren hatten.

Dem politischen Erdrutsch folgte ein Eklat im Landtag. Bei den zwei Wahlgängen zur Bestimmung des Ministerpräsidenten und des Ausländerbeauftragten gingen jeweils mehr Stimmen an die Kandidaten der NPD, als deren Fraktion Mitglieder hatte. Es wurde wiederholt sichtbar, dass Mitglieder anderer Fraktionen – also entweder Mitglieder der CDU, der PDS[67], der SPD, der FDP oder der von BÜNDNIS 90/Die Grünen – den Kandidaten der NPD bei geheimen Wahlen ihre Stimme gaben. Da die Bekanntgabe der Ergebnisse durch das Präsidium wiederholt mit Bravo-Rufen aus den Reihen der NPD-Fraktion quittiert wurde, wuchs die Befürchtung, es könnte eine geheime und dauerhafte Koalition im Landtag entstanden sein, die der NPD immer wieder zusätzliche Stimmen einbringen und politischen Rückenwind verleihen würde. Diese Befürchtung sollte sich bestätigen. Bei der Wahl zur Besetzung des Jugendhilfeausschusses am 19. Januar 2005 erhielt die Kandidatin der NPD 17 Stimmen, obgleich deren Fraktion – wie erwähnt – nur über zwölf Mandate verfügte.

Aus heutiger Sicht erscheint dieses Ereignis wie ein Menetekel. In Sachsen hat sich die rechtsextremistische Ideologie über viele Jahre hinweg entwickelt. Sie hatte stets starke politische Unterstützer in konservativen Kreisen. Auch bei ausgetauschtem Personal und veränderten Organisationsstrukturen ist dieses Potenzial erhalten geblieben und hat sich verfestigt. Es verfügt über ein solides Fundament vor allem auf dem flachen Land. Richtig ist aber auch, dass sich von Anfang an offener Protest und ziviles Engagement gegen die politischen Kräfte vom rechten Rand gemeldet und gerührt haben. Die CDU-dominierte Staatsregierung verhielt sich hingegen über viele Jahre hinweg ganz anders. Sie hielt die meist vom linken Spektrum unterstützten Akteure gegen das Erstarken der Neonazis an der kurzen Leine und verweigerte eine der Größe der Gefahr angemessene öffentliche Debatte.

Für Stanislaw Tillich, den sächsischen Ministerpräsidenten, bedurfte es erst der beschämenden Vorgänge vom 18. Februar 2016 in Clausnitz, bis er sich in einer Regierungserklärung zu der Einschätzung durchrang, dass Sachsen ein Problem mit dem Rechtsextremismus habe und dieses größer sei, als viele – auch er – bislang wahrgenommen hätten.[68] In Clausnitz im Erzgebirge hatte eine Gruppe von Demonstranten mit Gegröle einen Bus blockiert, der Flüchtlinge zu ihrer Unterkunft bringen sollte. Die Szenen waren gefilmt und von vielen TV-Stationen ausgestrahlt worden.

Anlässlich des Gedenkens an die Bombardierung und Zerstörung Dresdens vor 60 Jahren kamen im Februar 2005 ungefähr 6500 Rechtsextreme in die Stadt und veranstalteten den größten Neonaziaufmarsch in Europa. Der couragierte und laute Gegenprotest kam nahezu ausschließlich von linken Gruppen. Die breite Mitte der Bürgerschaft verhielt sich mehr oder weniger passiv und neutral. Viele beklagten lediglich den Verlust des stillen Gedenkens aufgrund der Demonstrationen. Im Landtag konnte die NPD durchaus mit stillen Sympathisanten und geheimen Unterstützern rechnen.

Gemeinsam mit Friedrich Wilhelm Junge und anderen Unterstützern habe ich im Dezember 2014 jedem einzelnen Abgeordneten – außer den Mitgliedern der NPD – einen Brief geschrieben. Darin hieß es: »Wir sind entsetzt über die Ereignisse im Sächsischen Landtag. Die Kandidaten der NPD haben zum wiederholten Mal mehr Stimmen bekommen, als deren Fraktion Mitglieder hat. Um der Vertrauenswürdigkeit aller demokratisch gewählten Abgeordneten willen fragen wir: Wo stehen Sie? Ist es Ihre Stimme gewesen, die an die NPD-Abgeordneten gegangen ist? Wir wünschen uns eine klare Antwort, öffentlich und persönlich. Wenn Sie diese nicht geben können, dann hätten wir gern eine Begründung. Es ist nicht nötig, uns auf das Wahlgeheimnis aufmerksam zu machen. Das kennen wir, doch darum geht es uns an dieser Stelle nicht. Wir möchten wissen, woran wir mit Ihnen als Person sind, mit Ihnen als Abgeordnete einer demokratischen Partei. Für uns ist die Vorstellung unerträglich, dass einer, der sich als Volksvertreter versteht und somit auch uns vertritt, der NPD Stimmen zuführt und damit die Anliegen einer Partei unterstützt, die wir nie gewählt hätten. Auch fragen wir uns: Wie sollen wir je wieder zur Wahl gehen? Wen sollen wir, wen können wir in Zukunft noch wählen? Wem können wir vertrauen? Wir bitten Sie: Erklären Sie sich öffentlich in den Lokalteilen der Tageszeitungen, im Rundfunk oder im Fernsehen, denn Sie haben ja die Möglichkeit, Ihre Wahlentscheidung öffentlich zu machen. Dies würde dazu beitragen, das verloren gegangene Vertrauen in die demokratisch gewählten Abgeordneten des Sächsischen Landtages wiederherzustellen. Es ist uns um der politischen Kultur unseres Landes willen wichtig, dass Sie sich argumentativ mit den Inhalten und Zielen der NPD auseinandersetzen und Ihre Argumente öffentlich darlegen.«

Dieser Brief, weitere Briefe und die eingegangenen Antworten der Abgeordneten sind publiziert.[69] Von den 112 Angeschriebenen antworteten nur knappe 50 Prozent. Das geheime Kalkül, die NPD-Sympathisanten im

Ausschlussverfahren zu ermitteln, scheiterte erwartungsgemäß. Dennoch ergab die Lektüre der Antworten ein interessantes Bild der Bandbreite politischer Positionen. Einige Abgeordnete, wie zum Beispiel Robert Clemen (CDU), Andrea Dombois (CDU), Sebastian Scheel (PDS) oder Gisela Schwarz (SPD), reagierten ohne Umschweife und verneinten die Frage, ob sie der NPD ihre Stimme gegeben hätten. Andere, wie zum Beispiel Lars Rohwer (CDU) oder Georg Hamburger (CDU), antworteten ausführlich, indem sie ihre politische Grundhaltung und den Wert des Wahlgeheimnisses darlegten. Die Antwort von Georg Hamburger bezeugt seine sehr sensible Wahrnehmung der sich anbahnenden Vertrauenskrise in die Demokratie. Steffen Heitmann (damals noch CDU) beurteilt die Aktion als »wenig hilfreich«. Sie erinnere ihn an Aufforderungen aus der DDR-Zeit, dass man sich öffentlich bekennen solle. Er lehne es ab, sich in eine Einheitsfront »gegen rechts« zwingen zu lassen. Thomas de Maizière (CDU) ist sich sicher, dass Christdemokraten nicht NPD wählen. Er bescheinigt dem Brief einen »Betroffenheitskult in guter intellektueller Manier« und lehnt es ab, die »PDS ohne Unterschiede in die Reihe der demokratischen Fraktionen« einzureihen. Mit diesem Argument offenbart er eines der größten sächsischen Probleme bei der Bekämpfung des Rechtsextremismus. Über mehr als zwei Jahrzehnte reagierte die Sächsische Union auf die Thematisierung der Gefahr von rechts reflexartig mit dem Hinweis auf die Gefahr von links. Wer »gegen rechts« war, geriet automatisch in den Verdacht, »für links« zu sein. Die Folge dieses fatalen Fehlschlusses war die jahrzehntelange Vernachlässigung einer intensiven Auseinandersetzung mit rechtsextremistischen Positionen.

Im Resümee der Briefaktion »Wie hältst du's mit der NPD?« heißt es: »Wir müssen zur Kenntnis nehmen und weiter damit rechnen, dass Abgeordnete des Sächsischen Landtages insgeheim anders denken und abstimmen, als sie öffentlich zu erklären bereit sind. Wir müssen davon ausgehen, dass Abgeordnete ihre Wähler täuschen und belügen und dass sie bereit sind, die Grundlagen unserer Demokratie anzugreifen.«[70]

Am 4. November 2011 fand in Dresden eine Fachtagung zur kulturellen Bildung statt. Sie trug den Titel »Was PISA nicht gemessen hat«. Veranstalter waren der Sächsische Kultursenat und die Landeszentrale für politische Bildung. Was alle bewegte, war die Sorge um die Verdunstung des humanistischen Bildungsideals und die Flutung der Bildungslandschaft mit technischen, informationellen und naturwissenschaftlichen Inhalten. Die sogenannten MINT-Fächer (Mathematik, Informatik, Naturwissenschaft und Technik) standen und stehen hoch im Kurs, wogegen auch nichts einzuwenden ist. Sachsen nennt sich schließlich nicht umsonst das Land der Tüftler und verweist stolz auf die große Anzahl an Erfindern und Ingenieuren. Dass mit dieser Förderung in den Jahren nach der Wiedervereinigung allerdings eine Vernachlässigung der musischen, kulturellen, ästhetischen, ethischen und politischen Bildung einherging, war schon bald nicht mehr zu übersehen.

Der Kultursenat war Anfang der 90er-Jahre ins Leben gerufen worden, um die Regierung zu beraten. Seine Versuche, auf den Missstand hinzuweisen, liefen mehr oder weniger ins Leere. Auch die aktive Beteiligung des zuständigen Ministeriums an der Tagung blieb marginal. Am Ende kam es jedoch zu einem unerwarteten Höhepunkt. Den Teilnehmern wurde eine am 2. Mai 2011 produzierte Filmsequenz vorgeführt. Sie trug den Titel »Werde Unsterblich – Demonstration in Bautzen«. Zu sehen sind mehrere Hundert weiß maskierte Jugendliche, die mit brennenden Fackeln durch das menschenleere, nächtliche Bautzen marschieren und Böller zünden. Der Film ist unterlegt mit eindringlicher Instrumentalmusik. Er beginnt mit der pathetischen Rede eines jugendlichen Sprechers. »Genau 20 Jahre nach dem Fall der Mauer stehen wir nun wieder in einer Zeit, in der die Not groß geworden und der allgemeine Niedergang unübersehbar geworden ist. Eine Weltwirtschaftskrise, die ihren Höhepunkt noch lange nicht erreicht hat, die Kinderlosigkeit und Abwanderung, die Kurzarbeit, steigende Armut und Arbeitslosigkeit … Die großen Versäumnisse vergangener

Jahrzehnte bewegen immer mehr Menschen.« Danach werden seine Worte zunehmend übertönt von den immer lauter werdenden Rufen der Demonstranten: »Hier marschiert der nationale Widerstand.« Das Video endet mit der Einblendung der Worte: »DAMIT DIE WELT NICHT VERGISST, DASS DU DEUTSCHER GEWESEN BIST.«[71] Das Video ist nach wie vor bei YouTube abrufbar und wurde bis zum Dezember 2018 über 224 000-mal abgerufen. Einen ähnlichen, offenbar via Flashmob organisierten nächtlichen Marsch gab es in der ostsächsischen Kleinstadt Stolpen.

Die meisten der am 4. November 2011 anwesenden Tagungsteilnehmer zeigten sich entsetzt. Sie hatten noch nichts von den nächtlichen Märschen gehört. Verantwortlich dafür war der Altersunterschied zwischen den vor allem an der traditionellen Hochkultur Interessierten und den sich in den sozialen Netzwerken organisierenden jugendlichen Marschierern. Ebenso verantwortlich war die in der Kultur- und Landeshauptstadt Dresden verbreitete Ahnungslosigkeit über die Entwicklung der ländlich geprägten Peripherie des Landes. Die ewig alten, zugeschüttet geglaubten Gräben zwischen Großstadt und Dorf, Jung und Alt, Hochkultur und Populärkultur brachen auf und wurden sichtbar. Es war nicht allein die eindringliche Botschaft des Videos, die alle Verantwortlichen hätte aufschrecken lassen müssen. Junge Menschen marschieren maskiert durch eine nächtliche Stadt. Sie sehnen sich danach, gemeinsam unsterblich zu werden, und beschwören ihr Deutschsein. Auch die professionell produzierten Bild- und Filmsequenzen und der erkennbar hohe Organisationsgrad der Bewegung enthielten die Ansagen: Ihr müsst mit uns rechnen. Ihr bleibt uns etwas schuldig. Wir werden euch zeigen, wie stark wir sind.

Ein anderes Beispiel stammt aus dem Bereich der Justiz. Unter Tagesschau.de vom 13. Juli 2016 war Folgendes zu lesen: »Bundesweite Razzia heute Morgen: Gleich in 14 Bundesländern hat die Polizei im Kampf gegen Hasskommentare im Netz Wohnungen durchsucht, Computer und Smartphones beschlagnahmt. Koordiniert hat die Aktion das Bundeskriminalamt; Bund und Länder haben sich also abgesprochen – sie wollen härter als bisher vorgehen, wenn auf Facebook oder anderswo gepöbelt und gedroht wird. So etwas ist schnell hingeschrieben, erfüllt aber Straftatbestände. Beleidigung, Volksverhetzung oder Ähnliches. Daher jetzt die bundesweite Polizeiaktion.« Diese Aktion sollte zeigen: Vermeintliche Anonymität im Netz schützt nicht vor Strafverfolgung. Wenn Bürger Hasskommentare anzeigen, bewirkt das etwas. Bundesinnenminister Thomas de Maizière und Bundesjustizminister Heiko Maas hielten den Polizeieinsatz für eine richtige und wichtige Aktion.

Nur wenige Tage später allerdings verstand Heiko Frey aus dem sächsischen Dippoldiswalde die Welt nicht mehr. Er hatte eine Anzeige erstattet. Ein ihm bekannter Rechtsradikaler hatte auf einer Facebook-Seite gepostet: »gleich erschießen dieses dreckspack«. Diese Formulierung stand unter dem Beitrag »Bundespolizei stellt Fahrräder und Autoradios sicher«, der über zwei des Diebstahls verdächtigte Rumänen berichtete. Die Staatsanwaltschaft Dresden hatte die Anzeige von Heiko Frey zwar entgegengenommen, das Ermittlungsverfahren aber eingestellt. Die Äußerung »gleich erschießen dieses dreckspack« erfülle weder den Straftatbestand der Volksverhetzung noch den der öffentlichen Aufforderung zu einer Straftat. Für Volksverhetzung sei die Formulierung zu konkret. Es gehe um zwei mutmaßlich kriminelle Rumänen, also nicht um alle Rumänen. Für die Straftat der Aufforderung zu Straftaten sei die Formulierung hingegen zu unbestimmt. Es fehlten die Uhrzeit, der Ort und die namentliche Nennung der Opfer. Der Tatbestand der Beleidigung sei zwar gegeben (»Dreckspack«). Gegen diesen freilich könne man nicht vorgehen, weil er von den Rumänen nur selbst zur Anzeige gebracht werden könne. Heiko Frey war einigermaßen fassungslos. In puncto Rechtsstaat war er schlicht frustriert, hatte er doch die Äußerungen von de Maizière und Maas noch im Ohr.

Am 23. Juli 2016 äußerte sich Rechtsanwalt Carsten R. Hoenig auf seiner Homepage zu dieser Argumentation der Staatsanwaltschaft: »Ich bin da anderer Ansicht. Staatsanwalt Tobias Uhlemann argumentiert interesse- und zielorientiert. Der Standardkommentar aller Jura-Erstsemester sieht es ganz anders: Im Übrigen jedoch braucht die angesonnene Tat nicht unbedingt nach Ort und Zeit bestimmt zu sein, und auch hinsichtlich des Opfers genügt eine Kennzeichnung in allgemeinen Wendungen, wie zum Beispiel die Aufforderung zur Lynchjustiz. Wir (Straf-)Juristen haben gelernt, für jedes Ziel, das wir verfolgen, ein passendes Argument zu finden …«

Am 31. Juli 2016 erklärte im »Interview der Woche« im Deutschlandfunk Generalbundesanwalt Peter Frank zu diesem Thema: »Es ist seit längerer Zeit zu erkennen, dass die Gewaltbereitschaft in Deutschland zugenommen hat. Es beginnt zunächst einmal mit einer Verrohung der Sprache. Und es führt dann zu einer Verrohung auch in der körperlichen Auseinandersetzung. Seit Jahren steigt der Anteil der Gewaltstraftaten. Und auch wenn man sich die Entwicklung innerhalb der Gewaltstraftaten anschaut, so findet man immer wieder einen Anstieg auch der Vehemenz von Gewalt. Recht – und das ist das Entscheidende und Wichtige von Recht –, Recht muss immer durchgesetzt werden. Recht muss insoweit standhaft bleiben, denn sonst verliert das Recht seine Achtung. Wir haben in Deutschland letztendlich auch immer versucht, Werte durch Rechtsnormen abzusichern und der Werteentfaltung durch das Schaffen von Recht einen Rahmen zu geben. Und nur wenn wir diesen Rechtsrahmen auch konsequent verteidigen – und dazu gehört eine konsequente Strafverfolgung –, nur wenn wir diesen Rechtsrahmen verteidigen, dann haben wir eine Chance, dass das Recht und damit auch die Werte erhalten bleiben.«

Am 2. August 2016 erhielt ich einen Brief der Staatsanwaltschaft Dresden als Antwort auf meinen Protest, in dem ich mein Verständnis für Heiko Frey mitgeteilt und Diskussionsbedarf signalisiert hatte. Die Antwort war eindeutig: Die Staatsanwaltschaft habe die Anzeige gewissenhaft geprüft und die Ermittlungen eingestellt. Sie werde sich an keinerlei Diskussion darüber beteiligen.

Der Fall wurde bei einer Veranstaltung in der Landeszentrale für politische Bildung mit hochrangigen Vertretern der sächsischen Justiz diskutiert. Alle verteidigten das Verhalten der Staatsanwaltschaft. Diese dürfe nur tätig werden, wenn es eine begründete Aussicht auf Strafverfolgung gebe. Das sei in diesem Fall nicht gegeben. Die Aufforderung »gleich erschießen dieses dreckspack« mag zwar im umgangssprachlichen Verständnis strafbar erscheinen, justiziabel sei sie jedoch nicht. Mein »gesunder Menschenverstand« kam da nicht mit. Allerdings musste ich mich daran erinnern lassen, dass »gesunder Menschenverstand« eine gefährliche Kategorie darstelle. Er werde gern von Populisten in Anspruch genommen und gegen den Rechtsstaat ins Feld geführt. Ist es da noch verwunderlich, dass ich mit der sächsischen Justiz hadere? Entgegen den berechtigten Appellen der Politiker, das Internet nicht zu einem rechtsfreien Raum werden zu lassen, ist sie in einem derartigen Fall untätig geblieben. Dabei steht sie ohnehin in dem Ruf, auf dem rechten Auge nur schlecht sehen zu können.

Dazu hat ihr unter anderem Jens Maier verholfen. Er stammt aus Bremen, lebt in Dresden, ist Jurist und gehört zum völkischen Flügel der AfD. In Sachsen arbeitete er zunächst als Referent im Kultusministerium, dann als Dozent an der Fachhochschule für Verwaltung in Meißen und ab 1997 als Richter am Landgericht Dresden. Am 20. August 2014, so wurde später bekannt, schrieb Maier bei Facebook: »Gestern lief mir an der Ampel so eine Schleiereule am Wagen vorbei. Ich war kurz davor, die Hupe zu betätigen. Ich kann nur noch Wut und Zorn für dieses Gesinde empfinden.« Eine Facebook-Äußerung im September 2014 lautete: »Was der Nationalsozialismus auf der politischen Strecke war, ist heute der Islam auf der religiösen.«[72]

Im Mai 2016 verbot Maier als zuständiger Richter dem Extremismusforscher Steffen Kailitz, über die NPD zu sagen, diese plane »rassistische Staatsverbrechen«. Kailitz hatte das NPD-Parteiprogramm und andere Quellen ausgewertet und war zu der Einschätzung gelangt, dass diese Partei im Regierungsfalle beabsichtige, »acht bis elf Millionen Menschen aus Deutschland [zu] vertreiben ...«[73] Dies ergebe sich aus der Auffassung der NPD, dass deutsche Staatsbürger »anderer Rassen« immer Fremde blieben, die aus Deutschland entfernt werden müssten, weil »die Verleihung bedruckten Papiers (eines BRD-Passes) ja nicht die biologischen Erbanlagen verändert [...] Angehörige anderer Rassen bleiben deshalb körperlich, geistig und seelisch immer Fremdkörper, gleich wie lange sie in Deutschland leben, und mutieren durch die Verleihung bedruckten Papiers nicht zu germanischstämmigen Deutschen.«[74] Die NPD klagte gegen die Bewertung, eine solche Politik lasse sich nur durch »Staatsverbrechen« verwirklichen, mit der Begründung, wenn diese Politik nicht willkürlich, sondern in gesetzlichen Regeln erfolge, dann könne es sich gar nicht um Verbrechen handeln, sondern sei dann rechtmäßiges Staatshandeln. Richter Jens Maier schloss sich dieser Auffassung an.

Im Januar 2017 trat er neben Björn Höcke in Dresden auf. Er kritisierte die »Herstellung von Mischvölkern«. »Nationale Identitäten« sollten ausgelöscht werden. Die Aufarbeitung der NS-Verbrechen sei »gegen uns gerichtete Propaganda und Umerziehung«. Der »Schuldkult« sei »endgültig beendet«[75]. Das Landgericht sah in der Konsequenz das Vertrauen in die richterliche Unabhängigkeit Maiers als gefährdet an und strukturierte seine Zuständigkeiten um. Zur Begründung hieß es: »Mit seinen Beiträgen habe Richter Maier, dessen Beruf als Richter dabei immer bekannt gewesen sei, dem Ansehen der Justiz allgemein und des Landgerichts Dresden im Besonderen Schaden zugefügt.«[76]

Die Liste der von Maier am rechtsextremistischen

Rand angesiedelten Äußerungen ließe sich fortsetzen. Wie hoch die Akzeptanz dieses Denkens in der Mitte der Dresdner Bürgerschaft ist, belegen die Ergebnisse der Bundestagswahl vom 24. September 2017. Als Direktbewerber im Wahlkreis Dresden I erreichte Maier 22,4 Prozent der Wählerstimmen. Der Kandidat der CDU, Andreas Lämmel, erhielt mit 24,5 Prozent nur wenig mehr. Der Abstand bei den Zweitstimmen fiel noch geringer aus. Die CDU erhielt 24,33 Prozent, die AfD 23,8 Prozent. Jens Maier zog auf dem zweiten Platz der Landesliste in den Bundestag ein.[77]

Diese Beispiele zeigen, dass sich autoritäre, nationalradikale und tendenziell rassistische Einstellungen in Sachsen ausgebreitet haben. Sie erklären und illustrieren die Ergebnisse des »Sachsen-Monitors« und lassen sich nicht als Sachsen-Bashing beiseiteschieben. Die AfD ist die neue politische Adresse all dieser Einstellungen. Diese Partei sieht 2019 ihre Chance, die bundesrepublikanische und europäische Politik vom Osten Deutschlands her fundamental umzugestalten.

Die AfD kann nicht in Gänze als verfassungsfeindlich bezeichnet werden. Sie ist nicht die NPD. Wer die Wähler und Sympathisanten der AfD allesamt als Rechtsextreme und Neonazis bezeichnet, irrt. Er bagatellisiert die von den wirklichen Neonazis ausgehende Gefahr und stigmatisiert zugleich Teile der Bevölkerung. Will man die AfD realistisch einschätzen, muss man sich vor allem mit ihren Vordenkern befassen und das rhetorische Potenzial ihrer Galionsfiguren zur Kenntnis nehmen. Götz Kubitschek wurde bereits zitiert. André Poggenburg, prominenter AfD-Politiker aus Sachsen-Anhalt, sorgte beim Politischen Aschermittwoch 2018 für die größte Aufmerksamkeit und das größte Entsetzen.[78] Vor geschätzten 1000 Anhängern beschimpfte er die hierzulande lebenden Türken als »Kameltreiber«, »Kümmelhändler« und »vaterlandslose Gesellen«, »die sich dorthin scheren sollen, wo sie hingehören, weit, weit, weit hinter den Bosporus«.[79] Björn Höcke forderte nichts weniger als die »Rettung unseres Vaterlandes«. Seine rhetorischen Figuren nahmen Bezug zu revolutionären Umbrüchen. Mit einigen Formulierungen gelang es ihm, den Saal zum Kochen zu bringen: »Der gute Geist von 1989 ist aus der Flasche«; »Die Berliner Republik ist eine staatsmannsfreie Zone«; »Es fällt mir leichter, Erich Honecker und Staatsmann zusammenzudenken«; »Wir werden die vaterlandslosen Gesellen zurückschicken in die Produktion«; »Der Michel wacht jetzt auf«; »Wir lassen die politische Sonne im Osten für ganz Deutschland wieder aufgehen«.[80] Jörg Urban, Parteivorsitzender in Sachsen, erklärte: »Wir wollen die erste Regierung unter AfD-Führung stellen.«[81]

Die Ankündigung, den AfD-Bundesparteitag im Januar 2019 in der Sachsenarena in Riesa auszurichten, unterstreicht den Machtanspruch. Die bevorstehenden Wahlkämpfe um die Zusammensetzung der Stadt- und Gemeinderäte, der Kreistage und des Sächsischen Landtags versprechen hart zu werden, haben sie doch für die AfD strategische Bedeutung. Was würde geschehen, wenn Sachsen demnächst von einem Ministerpräsidenten der AfD repräsentiert würde? Demokraten, die meinen, sie könnten es mit dem Reflektieren und Theoretisieren in akademischen Zirkeln bewenden lassen, haben den Ernst der Stunde nicht begriffen.

Was tun?

Wo steht geschrieben, dass man immer genau und sofort wissen könne, was zu tun ist? Nirgendwo. Wer nicht weiß, was er tun sollte, muss wenigstens wissen, was er nicht tun darf.

Wenn es nicht so ernst wäre, könnte man das politische Verhalten der Neuen Rechten mit dem Verhalten von Halbwüchsigen und Pubertierenden vergleichen. Sie rebellieren gegen die Autoritäten. Sie riskieren die große Lippe. Sie provozieren. Sie drohen. Sie sind unverschämt. Sie stellen die bestehende Ordnung fundamental infrage. Sie kündigen an, alles anders zu machen. Sie agieren unberechenbar und aggressiv. Sie werden, wenn der Konflikt eskaliert, übergriffig und gewalttätig.

Weder die Pädagogen noch die Psychologen sind in der Lage, ein sicher wirkendes Konzept für den Umgang mit Pubertierenden anzubieten. Sie weisen darauf hin, dass es sich bei der Pubertät um eine für das Erwachsenwerden unerlässliche Entwicklungsphase handelt. Es ist eine Phase höchster Anspannung. In ihr vollziehen sich notwendige Klärungen. Es ist nicht ausgemacht, wie lange sie im Einzelfall dauert. Auch gibt es keine Garantie, dass die Beteiligten unbeschadet durchkommen. Für die betroffenen Eltern und Erzieher ist es wichtig, die Ruhe zu bewahren, nicht in jeder emotionalen Aufwallung des Pubertierenden das Ende des familiären Zusammenhalts zu sehen, nicht »über jedes Stöckchen zu springen« und an den eigenen Prinzipien unerschütterlich festzuhalten. Die Fachleute empfehlen, gerade wenn man nicht genau weiß, was man tun muss, sich an dem zu orientieren, was man nicht tun darf. C'est la vie.

Wie gesagt, wenn es nicht so ernst wäre …

Ich glaube, dass der Vergleich der gegenwärtigen politischen Situation mit der Phase der Pubertät dennoch etwas zu bieten hat. Die Bundesrepublik Deutschland durchlebt wie viele andere Länder das Ende einer über viele Jahre als selbstverständlich scheinenden Konsensgesellschaft. Nicht, dass es bisher keine Konflikte gegeben hätte. Die gab es immer. Sie sind der Normalfall der Demokratie. Nun aber gehen diese Konflikte an die Substanz. Es treten politische Akteure auf den Plan, die das Fundament der freiheitlichen demokratischen Grundordnung infrage stellen. Sie kündigen den geltenden Grundkonsens. Sie lehnen die Pluralität, die Liberalität und die grundsätzliche Offenheit der Gesellschaft ab. Sie propagieren einen Staat, der sich völkisch begründet. Sie fordern eine sich zuerst und ausschließlich am nationalen Interesse orientierende Politik. Sie kündigen die Prinzipien der Menschenwürde und Humanität. Dass die Neue Rechte im Osten Deutschlands ihre größten Erfolge einfährt, muss nicht verwundern. Da die Gesellschaft im Osten die am stärksten verunsicherte ist, ist sie auch die am leichtesten empfängliche für die Versprechungen der Neuen Rechten.

Dazu einige Thesen:

Erstens: Das Jahr 2019 wird ein Jahr harter Wahlkämpfe. Wahlkämpfe unterliegen einer eigenen Logik. Sie sind etwas anderes als Amtszeiten oder Legislaturen und auch etwas anderes als politische Bildung. Die demokratischen Parteien müssen sich darauf einstellen, dass die bevorstehenden Wahlkämpfe von den politischen Kräften der Neuen Rechten mit allen denkbaren Mitteln geführt werden. In technischer Hinsicht sind es vor allem die sogenannten sozialen Netzwerke. In politischer Hinsicht sind es Hetze, Angstmache, Diffamierungen und Beleidigungen.

Für den Erfolg der Wahlkämpfer wird entscheidend sein, die in politische Abstinenz und Apathie abgedrifteten Schichten der Bevölkerung für sich zu gewinnen. Es gilt, das Vertrauen der 40 bis 50 Prozent Nichtwähler zurückzugewinnen und sie zur Beteiligung an den Wahlen zu ermutigen. Darin liegt die wahrscheinlich schwierigste Aufgabe. Sie wird nur mit vielen Anhörungen und Gesprächen zu erfüllen sein. Das Vertrauen in die politisch handelnden Personen ist vielfach verloren gegangen. Es kann nur persönlich zurückgewonnen werden. Eine Herkulesaufgabe! Nichts wird mehr gebraucht als glaubwürdige, empathische, kompetente und kommunikationsfähige Persönlichkeiten. Parteien, die sich ausschließlich auf ihr eigenes Personal verlassen, dürften rasch an Kapazitätsgrenzen stoßen.

Zweitens: Der stärkste Verbündete der Neuen Rechten ist die Angst. Bei den Älteren, die die ostdeutsche Gesellschaft zunehmend prägen, herrscht Angst vor Vereinsamung, vor Altersarmut, vor Pflegenotstand und vor kultureller Überfremdung. Die Neue Rechte wird diese Ängste aufnehmen und sie aufblasen. Die von ihr propagierte Lösung besteht im Wesentlichen darin, die Hilfe für Flüchtlinge und Asylbewerber einzustellen und die frei werdenden Gelder für die deutsche (sprich die »biodeutsche«) Bevölkerung auszugeben.

Es hat keinen Sinn, real existierende Ängste zu ignorieren, zu relativieren oder zu bagatellisieren. Man muss ihnen mit Fakten, Zahlen und realistischen Konzepten begegnen. Es ist nicht schwer zu erklären, dass Deutschland Zuwanderung braucht, um seine ökonomische Stärke und die gewohnten sozialen Standards zu erhalten. Es ist nicht nur möglich, es ist nötig, für einen menschlichen Umgang mit allen einzutreten, die aus welchen Gründen auch immer nach Deutschland gekommen sind. Menschen müssen menschlich behandelt werden.

Drittens: Es ist nötig und möglich, auf die Einhaltung geltender Gesetze und Regeln zu pochen. Dass die politischen und ökonomischen Möglichkeiten Deutschlands begrenzt sind, ist eine Selbstverständlichkeit. Viele Menschen haben allerdings das Vertrauen verloren, dass Politiker diese Selbstverständlichkeit anerkennen und in der Lage sind, sie zu managen.

Dazu gehören selbstverständlich auch die rechtlich gebotenen Zurückführungen. Dringend erforderlich ist eine Kampagne zur Aufklärung über den Unterschied zwischen der notwendigen Zuwanderung einerseits sowie der temporären Aufnahme von Flüchtlingen und der Gewährung von Asyl andererseits. In großen Teilen der Bevölkerung herrscht diesbezüglich eine ausgeprägte Unklarheit, mit der die AfD skrupellos zu spielen bereit ist. Sie hat aus machtpolitischem Kalkül kein Interesse an Differenzierung und Aufklärung. Maßgebliche Politiker dieser Partei lehnen die Integration der Menschen, die aus den Kriegs- und Armutsgebieten geflohen sind, rigoros ab. Sie tun dies unabhängig davon, warum diese Menschen nach Deutschland gekommen sind, wie lange sie voraussichtlich bleiben werden und in welchem Lebensalter sie sich befinden. Diese Politiker verraten nicht nur die Prinzipien der Mitmenschlichkeit. Sie verraten das Beste, was Deutschland dank seiner Verwobenheit in die europäische Geschichte hervorgebracht hat. Sie befördern die Radikalisierung und gefährden die innere Sicherheit des Landes. Sie verteidigen die Kultur nicht, sie gefährden sie.

Viertens: Im Alltag der demokratischen Auseinandersetzung müssen sich Parteien voneinander abgrenzen. Nur so werden sie für die Wähler unterscheidbar. Nur so gewinnen und verteidigen sie ihr politisches Profil. Wenn es aber um die Fundamente der demokratischen Ordnung geht, können und müssen Parteien zusammenstehen. Sie müssen und können sich miteinander profilieren. Im Wahlkampf in der sächsischen Stadt Meißen habe ich hautnah erlebt, dass die AfD keine Probleme damit hatte, den Kandidaten der CDU zu unterstützen, und die CDU keine Probleme damit hatte, diese Unterstützung auch anzunehmen.[82]

Die Beteuerung prominenter Vertreter der Sächsischen Union, zur Zusammenarbeit mit der AfD nicht bereit zu sein, hat ihren Glaubwürdigkeitstest noch nicht bestanden. Die Sächsische Union hatte niemals Probleme damit, sich von den Linken zu distanzieren und diese politisch zu bekämpfen. Dasselbe mit der politischen Rechten zu tun fiel ihr sehr viel schwerer. Trotz aller berechtigten Kritik an bestimmten Positionen der Linken muss allen Demokraten an der geschlossenen und gemeinsamen Ablehnung der Neuen Rechten gelegen sein. Ich sehe das als ein Gebot der Stunde. Die Gleichsetzung der AfD und der Linken hinsichtlich ihres Gefährdungspotenzials halte ich für falsch und durchsichtig. Außerdem hat die CDU keinen Grund, die mangelnde Vergangenheitsverarbeitung der Linken anhaltend zu kritisieren. Die Aufarbeitung ihrer eigenen Geschichte als Blockpartei in der DDR lässt mindestens ebenso zu wünschen übrig.

Fünftens. Die politische Entwicklung im Osten Deutschlands hängt aufs Engste zusammen mit der demografischen und ökonomischen Entwicklung. Im dreißigsten Jahr nach der friedlichen Revolution und dem Fall der Berliner Mauer sollte es eine ehrliche Debatte darüber geben, wie es im Osten weitergehen soll. Soll er der Mezzogiorno Deutschlands werden?

Die offizielle und parteipolitisch verfasste Politik wird 2019 mit Wahlkämpfen und Regierungsbildungen beschäftigt sein. Eine Debatte über den Osten ausschließlich im Osten und unter den Bürgern im Osten zu führen wäre ungeeignet, die Probleme angemessen darzustellen und einzuordnen. Eine derartige Unternehmung hätte allzu offensichtlich lediglich Alibicharakter. Es müsste vielmehr eine deutsche Debatte unter Einbeziehung der europäischen Nachbarn sein, insbesondere derer im Osten. Dabei könnte gefragt werden: »Der Osten der Bundesrepublik im Jahr 2050. Wie wird er aussehen?« Hierzu sollten Kultur- und Geisteswissenschaftler, Ökonomen, Ökologen, Klimatologen, Demografen und Historiker zusammenkommen, referieren und diskutieren.

In den Jahren 1987 bis 1989 war völlig unklar, ob und wie es in der DDR weitergehen konnte. Damals etablierten sich Foren, Zirkel und Gruppen von Bürgern unabhängig von der offiziellen Politik. Diese Zusammenschlüsse waren die Laboratorien der demokratischen Erneuerung.

In dieser zu führenden deutschen Debatte (mit internationaler Beteiligung) wäre eine wesentliche Forderung die nach einer Ostquote.[83] Wann endlich werden die Bürger aus dem Osten der Republik ihrem Bevölkerungsanteil entsprechend vertreten sein in den Chefetagen der Bundesministerien, der Bundesbehörden, der Deutschen Bahn, der Bundeswehr, der Botschaften, der Institute, der Anstalten des öffentlich-rechtlichen Rundfunks, der Geheimdienste usw.? Dieselbe Debatte wäre zu führen in den Ministerien der Länder im Osten wie im Westen, in den Chefetagen und Aufsichtsräten der Konzerne. Wann endlich wird der Osten bei der Neueinrichtung von Bundesinstitutionen grundsätzlich bevorzugt?

Sechstens: Den vielleicht größten Anteil am Vertrauensverlust in die Politik hat die immer wieder unterstellte Unterwürfigkeit unter die Interessen der großen Wirtschaftsunternehmen und Lobbyverbände. Dies ist kein ostdeutsches Problem. Es ist vielmehr ein gesamtdeutsches, europäisches und globales Problem. Folglich muss es auch vorrangig auf den Ebenen der nationalen und internationalen Politik angegangen werden. Der immens große Unterschied zwischen den Vermögen und Einkommen der Ärmsten und der Reichsten hängt damit zusammen. Er ist der gefährlichste Spaltpilz für den Zusammenhalt der Gesellschaft und für die Akzeptanz der Demokratie und spielt der Neuen Rechten in die Hände. Die Europäische Union muss als ein politisches Projekt erkennbar werden, das gut ist für Arbeitnehmer, Sozialhilfeempfänger und Rentner und nicht nur für Aktienbesitzer, international agierende Konzerne und die Inhaber großer Vermögen.

Die Entsolidarisierung und Segmentierung der Gesellschaft zeigt sich aber auch auf der regionalen und kommunalen Ebene. Die immer stärker voranschreitende Urbanisierung führt zur Verödung des ländlichen Raums. Gleichzeitig treibt die Gentrifizierung ganze Stadtgesellschaften auseinander und führt die Idee einer gemeinwohlorientierten Bürgerschaft ad absurdum.

Der Widerstand gegen die Dominanz der Ökonomie über die Politik muss und kann auch auf den unteren Ebenen der Gesellschaft organisiert werden. Oft beginnt er mit der basisnahen Neuentdeckung der kommunalen Gemeinschaft und der Verständigung über das, was stört, und das, was man verändern möchte.

Unter den zahlreichen Modellen und Beispielen hat mich die Beschäftigung mit der »konstruierenden Demokratie« im elsässischen Kingersheim besonders interessiert und überzeugt. Ihre Einführung erfolgte in einer Revolution »von oben« durch Jo Spiegel. Er ist Philosoph und Bürgermeister der kleinen französischen Stadt. Am Anfang des Projekts stand die Frage ansässiger Muslime, wo in der Stadt und wie sie einen Ort für ihre Gottesdienste und Treffen gestalten könnten. Der Bürgermeister beantwortete diese Frage nicht administrativ. Auch befasste er nicht zuerst den gewählten Gemeinderat damit. Er sorgte vielmehr für regelmäßige Zusammenkünfte eines partizipativen Rats, in dem alle Gruppen der Bürgerschaft vertreten sind und der den Gemeinderat nicht ersetzt.

In der Stadt wurde ein »Haus der Bürgerschaftlichkeit« gebaut. Auch in mentaler Hinsicht kümmerte Jo Spiegel sich um die Fundamente. Nicht die Kenntnis der Theorie oder des Staatsaufbaus ist wichtig. Er denkt Machtausübung konsequent von unten. Wichtig ist die Wahrnehmung des Bürgerwillens. Eines seiner Prinzipien lautet: »Wir sind nicht Bürger, wir werden Bürger.«

Jo Spiegel denkt prozessual. »Die erste Kultur, der es bedarf, um weiter nach vorne zu schreiten, ist eine Kultur der Empörung, des Widerstands, der Gegenmacht. Oft mokieren sich Politiker über jede Art der Wut, doch nein: Sie fördert Missstände zutage. Aber man muss mit ihr vernünftig umgehen. Die zweite Kultur ist die der Utopie, der Vision, eines Traumes, was die Zukunft bringen soll. Wenn ein Politiker nicht mehr in der Utopie beheimatet ist, dann ist er bloß noch ein Verwalter des Alltags. Das Dritte ist das Engagement. Oft kommen Leute mit ihrer Wut zu mir. Sie wissen nicht, dass sie mit ihrer Empörung im partizipativen Rat an der besseren Stelle wären. Dort können die Kulturen erblühen, ohne sich gegenseitig auszuschließen. Und die, die sich engagieren, vergessen vor lauter Engagement oft, dass die Utopie es ist, die die Welt verändert, und dass man eine braucht, um dem Unsinn der bestehenden Welt etwas entgegenzusetzen.«[84]

Es geht darum, das Prinzip der Subsidiarität nicht in der Form der Zuweisung von oben nach unten, sondern in der Form der Selbstbefassung von unten nach oben zu praktizieren. Die Basis der Gesellschaft muss und darf nicht warten, bis die großen Menschheitsprobleme – wie Klimaerwärmung, Migration, Spaltung in Arme und Reiche – von den oberen Ebenen gelöst werden. Die Erfahrung der letzten Jahrzehnte lehrt die Vergeblichkeit dieses Ansatzes. Die Basis muss damit beginnen, all diese Probleme im Rahmen ihrer Zuständigkeit und Möglichkeit selbst anzugehen.[85] Ob und wie weit sie dabei Erfolg hat und wie weit sie vordringt, bleibt genauso offen, wie demokratische Prozesse immer offen bleiben. Jo Spiegel: »Demokratie ist zuallererst eine Geisteshaltung. Man muss eine gewisse Demut, eine Mäßigkeit in die Machtbeziehungen und die Ethik ins öffentliche Handeln einbringen. Man muss gewissenhaft sagen, was man tun kann, und sorgfältig erledigen, was man sagt.«[86]

Siebentens: Der 3. Oktober ist deutscher Nationalfeiertag. Abgesehen von den aufwendigen Festveranstaltungen, die mit viel Geld, großem organisatorischem Aufwand und offiziellem Protokoll aufgeladen werden, spielt er im Bewusstsein der Bevölkerung kaum eine Rolle. Es gibt außer der Unterzeichnung eines Vertrags und dem angestrahlten Brandenburger Tor kein Ereignis, an das sich am 3. Oktober erinnern ließe.

Im Osten hält sich das Gerücht, dass maßgebliche Politiker der Bundesrepublik erfolgreich darauf hingewirkt hätten, den Beitritt der DDR[87] zum Geltungsbereich des Grundgesetzes am 3. Oktober 1990 zu vollziehen, um eine Feier zum 41. Jahrestag der Gründung der DDR am 7. Oktober 1990 zu verhindern. Damit wurde auch der Eindruck einer politischen Wiedervereinigung auf Augenhöhe verhindert.

Das Lied der Deutschen, die Hymne der Bundesrepublik, die den Alleinvertretungsanspruch aufrechterhielt, ist heute die deutsche Nationalhymne. Das Grundgesetz der Bundesrepublik ist de facto die Verfassung des wiedervereinigten Deutschlands. Der 3. Oktober ist Nationalfeiertag. Von der untergegangenen DDR ist nichts übrig geblieben. Man kann das richtig finden, darüber hinweggehen und es als Ergebnis der Nachkriegsgeschichte verbuchen. Manche können vom Siegen nicht genug bekommen.

Ein deutscher Bundestag, der anlässlich des 30. Jahrestags der Wiedervereinigung offen und ohne parteipolitische Rücksichtnahme darüber diskutiert, ob nicht der 9. November der bessere Nationalfeiertag wäre, würde der deutschen Einheit einen Dienst erweisen. Der 9. November ist der Schicksalstag der Deutschen. In der Nacht vom 9. zum 10. November 1938 organisierten die Nationalsozialisten in ganz Deutschland

Pogrome gegen jüdische Mitbürger. In der Nacht vom 9. auf den 10. November 1989 fiel eine Mauer, von der man glaubte, sie würde in absehbarer Zeit niemals fallen. Das deutsche Volk war das glücklichste Volk der Erde, wie es der seinerzeit amtierende Westberliner Oberbürgermeister Walter Momper ausdrückte. Es ist ein Tag des Nachdenkens und des Feierns. Ihn ins öffentliche Bewusstsein zu heben, dürfte angesichts der vielen an diesem Tag geschehenen Ereignisse nicht schwerfallen. Es wäre ein Tag der Republik. Die Neue Rechte und ihren Nationalismus bloßzustellen dürfte in einer solchen Debatte ebenfalls nicht schwer sein.

Nachwort

Gehört Sachsen noch zu Deutschland?

Am Ende sollte ich auf die als Buchtitel gewählte Frage zurückkommen. Es ist eine provozierende Frage. Man kann sie mit einem Achselzucken beiseiteschieben. Ja, das ist doch selbstverständlich! Der Freistaat Sachsen gehört zur Bundesrepublik Deutschland. Das ist grundgesetzlich verankert. Nach menschlichem Ermessen und in absehbarer Zeit wird sich daran auch nichts ändern. Abgehakt! Abgehakt?

Nein. Denn davon unberührt bleiben tiefer- und weitergehende Fragen bestehen.

Warum unterscheiden sich Sachsen und Ostdeutsche hinsichtlich ihrer Weltanschauung, ihrer Alltagskultur, ihrer Art und Weise zu kommunizieren sowie ihrer politischen Haltungen und Präferenzen auch 30 Jahre nach der Öffnung der innerdeutschen Grenze so eklatant von den Westdeutschen? Warum ähneln sie darin eher den Polen, Ungarn, Tschechen oder Slowaken?

Hat der Westen beim »Aufbau Ost« versagt, weil er ihn als eine ausschließlich technische, organisatorische und infrastrukturelle Aufgabe betrachtet und die menschliche Dimension missachtet hat? Erfährt Deutschland im Kleinen, was Europa im Großen geschieht? Wie betriebsblind ist die aus westlicher Perspektive betriebene Politik hinsichtlich der Betriebsblindheit, die die Ostdeutschen der westlich geprägten Politik gegenüber an den Tag legen? Wird es der nationalistisch, autoritär, völkisch und vergangenheitsorientierten AfD gelingen, die anstehenden Landtagswahlen in Sachsen, Thüringen und Brandenburg für sich zu entscheiden? Wird sie die Bundespolitik maßgeblich verändern können? Stehen wir an der Sollbruchstelle der Europäischen Gemeinschaft, die sich doch auf Aufklärung und Humanismus gründet?

Als theologisch denkender Mensch stehe ich mit beiden Beinen fest im Himmel und betrachte die Erde von daher mit großer Gelassenheit. Weil es nichts Neues unter der Sonne gibt – wie der Psalmist sagt –, überrascht es nicht, dass sich in Zeiten der Verunsicherung falsche Propheten zu Wort melden, die mit Emphase Lügen verbreiten und all jene, die wegen ihrer unverschuldeten Schwäche anfällig geworden sind, in ihren Bann ziehen. In diesen Zeiten besteht die Pflicht der Klugen und Weisen darin, sich den Lügenpropheten in den Weg zu stellen. Wenn wir in einem Moment der Geschichte nicht genau wissen, was wir tun sollen, so können wir doch genau wissen, was wir nicht tun dürfen. Wir dürfen die Prinzipien, auf denen unser Bild vom Menschsein und vom Zusammenleben der Menschen gründet, nicht aufgeben. Wir müssen allen, die die Würde anderer Menschen geringer achten als die eigene, mit allen Kräften widerstehen. Es ist historisch betrachtet nicht das erste Mal, dass im Osten härter um die Prinzipien der Humanität und Liberalität gekämpft werden muss als im Westen. Der Osten braucht keine Belehrung. Er braucht Unterstützung.

Ich danke allen, die mir bei der Erarbeitung des Büchleins hilfreich zur Seite standen: meiner lieben und klugen Frau Anette, allen uneigennützig mitwirkenden Mitgliedern und Unterstützern der Initiative »Bürger für Meißen – Meißen kann mehr«, meinem Freund Bernd Mönch und seiner Frau Petra, Henriette Kretz, Maria Mirtschink, Holger Böhme, Martin Döring, Eckart Haupt, Michael Heinicke, Fiete Junge, Dieter Kirst, Peter Richter, Axel Schmidt-Gödelitz, Romeo Schubert, dem Ehepaar Sochor vom Frankreichladen Dresden, Rüdiger Stumpf, Thomas Walther, Donatus Weinert, Hans-Eckardt Wenzel mit Band, dem Ullstein-Verlag sowie Stefan Linde.

Meine Ausführungen basieren auf den Gedanken, die ich in der Streitschrift »Hört endlich zu. Weil Demokratie Auseinandersetzung bedeutet« (Ullstein 2018) entwickelt und dargestellt habe.

Von Herzen unterstütze ich die Initiative »Unser Land – Deine Zukunft« von »Banda Internationale«. Sie wirbt deutschlandweit darum, nach Sachsen zu ziehen, in Sachsen zu studieren, zu arbeiten, zu lieben und zu wählen – am besten schon im September 2019.

Anmerkungen

1 Viele Jahre später, 1979, als ich den Wehrersatzdienst als Waffenverweigerer und Bausoldat an der Hochschule der Militärmarine in Stralsund ableistete, sollten mir wiederum Muslime begegnen. Die DDR verschaffte sich Devisen, indem sie libysche Soldaten zu Offizieren ausbildete. Denen wurde innerhalb der Kaserne ein Gebetsraum eingerichtet. Das Fenster wies in Richtung Mekka.

2 Karol Wojtyla war der erste polnische Papst. Als solcher trug er den Namen Johannes Paul II. Er sagte diese Worte sinngemäß, als er am 11. Oktober 1988 vor dem Europaparlament in Straßburg sprach.

3 *Die Welt*, 25. 1. 2015, im Interview mit Claus Christian Malzahn.

4 *Berliner Zeitung*, 14. 11. 2014, »Jagd auf slawische Minderheit. Neonazis greifen gezielt jugendliche Sorben an«.

5 *Süddeutsche Zeitung*, 15. März 2018.

6 Mit diesem Begriff werden nicht alle, sondern die willfährigen Mitglieder der Blockparteien bezeichnet. Dabei handelte es sich um die CDU, die LDPD, die NDPD u. a. Die Existenz dieser Parteien bemäntelte die Alleinherrschaft der SED, der gegenüber die Mitglieder der Blockparteien machtlos waren, sodass sie nur einen marginalen politischen Einfluss ausüben konnten.

7 Vgl. die Antworten der Befragten im »Sachsen-Monitor« 2016, 2017 und 2018.

8 Deutschlandfunk, »Warum Sachsen so anfällig ist«, Beitrag von Alexandra Gerlach, 19. 3. 2016.

9 *Frankfurter Allgemeine Zeitung*, 23. 2. 2016, »Viele fühlen sich heimatlos, ausgesetzt und abgehängt«.

10 Siehe z. B. »Huttenbriefe. Angriff der Multikultur auf die Kulturen – Teil 2/2; Huttenbriefe für Volkstum, Kultur, Wahrheit und Recht«, hg. von *Der dritte Weg*, 2018.

11 Siehe *Deutsche Geschichte in Dokumenten und Bildern*, Band 5; zitiert nach *Buchners Kolleg Geschichte, Das Kaiserreich 1871 bis 1918*. Bamberg: C. C. Buchners Verlag. 1987, S. 137ff.

12 Zitiert nach dem Mitschnitt der Rede bei https://m.youtube.com. Kyffhäusertreffen 2018 – Rede von B. Höcke.

13 Ebenda.

14 Wahlprogramm der AfD zur Bundestagswahl 2017; Abschnitt Bildung und Schule. Punkt 8.4.

15 Aus: »K!D – Kommune im Dialog«, Lehrfilm der Sächsischen Landeszentrale für politische Bildung, 2016.

16 Ich persönlich habe den Ruf nach der friedlichen Revolution von 1989 zum ersten Mal wieder gehört im November 2013 bei dem von der NPD angemeldeten abendlichen »Lichtelmarsch« in der sächsischen Kleinstadt Schneeberg/Erzgebirge. Rund 1500 Personen demonstrierten gegen eine Erstaufnahmeeinrichtung für Asylbewerber. Sie liefen mit brennenden Fackeln durch die Straßen. Viele von ihnen riefen »Wir sind das Volk«.

17 ARD, Das Erste, »Panorama«, Bericht von Katharina Schiele, 30. 8. 2018.

18 NSU steht für Nationalsozialistischer Untergrund. Die

Mitglieder der neonazistischen Vereinigung ermordeten zwischen 2000 und 2007 neun Menschen mit Migrationshintergrund und eine Polizistin. Sie begingen außerdem zahlreiche Mordversuche, Sprengstoffanschläge und Raubüberfälle. Uwe Mundlos, Uwe Böhnhardt und Beate Zschäpe stammten aus Jena. Sie lebten unerkannt in den sächsischen Städten Zwickau und Chemnitz.

19 Michel Friedman, in: »Wer noch sagt: ›Wehret den Anfängen‹, begreift nichts«, *Die Welt*, 28. 1. 2018.

20 *Berliner Zeitung*, 8. 9. 2018, »Enkel möchte Erich und Margot Honecker in Berlin beisetzen«.

21 Die Zahlen schwanken je nach Definition und Untersuchungszeitraum, liegen aber in jedem Fall bei schätzungsweise 200 000 Personen oder mehr.

22 Zitiert nach: »Als Honecker nicht mehr weinen wollte«, *Die Welt*, 1. 10. 2014.

23 Zitiert aus dem Bericht des Beauftragten der Bundesregierung für die neuen Länder; »Demografische Situation in den ostdeutschen Ländern«. Bundesministerium für Wirtschaft und Energie 2018.

24 »Wer beherrscht den Osten? – Die Studie«, MDR.DE.

25 »Sachsen-Monitor« 2017 und 2018. Er wurde von der Sächsischen Staatsregierung in Auftrag gegeben und von dimap, Gesellschaft für Trend- und Wahlforschung mbH, erstellt.

26 Architektonisch bedeutendes Bauwerk im Zentrum der Stadt Dresden, in dem die Skulpturensammlung und die Galerie Neuer Meister der Staatlichen Kunstsammlungen untergebracht sind.

27 Stefan Locke, »Bilderstreit im Albertinum, High Noon in Dresden«, *Frankfurter Allgemeine Zeitung*, 16. 11. 2017.

28 »Zerstörung und Identität«, Karl-Siegbert Rehberg in

der Sommerreihe »Erinnern und Vergessen«, Deutschlandfunk, 2. 9. 2018.

29 Eine Ausnahme war Rumänien. Auch die Entstehung unabhängiger Staaten infolge der Jugoslawien- oder Balkankriege genannten Kriege von 1991 bis 2001 stellt eine Ausnahme dar.

30 Angaben aus dem Ministerium für Landesentwicklung und Verkehr Sachsen-Anhalt vom 14. 3. 2012.

31 Signifikante Ausnahmen sind lediglich die Räume in und um Leipzig, Dresden, Berlin und Rostock.

32 »Medienservice Sachsen«, auf sachsen.de am 19. 4. 2016.

33 Bericht des Beauftragten der Bundesregierung für die neuen Länder; »Demografische Situation in den ostdeutschen Ländern«. Bundesministerium für Wirtschaft und Energie 2018.

34 Siehe bei Statista 2018, Das Statistikportal.

35 Vgl. Petra Köpping, *»Integriert doch erst mal uns!« Eine Streitschrift für den Osten*, Links Verlag, 2018.

36 Vgl. dazu den Wikipedia-Eintrag »Posttraumatische Verbitterungsstörung«, Dezember 2018.

37 Michael Linden, *Verbitterung und Posttraumatische Verbitterungsstörung. Fortschritte der Psychotherapie*, Hogrefe Verlag, 2017.

38 Stephan Schack, »PEGIDA. Eine neurowissenschaftliche Perspektive auf ein gesellschaftliches Phänomen«, Masterarbeit, vorgelegt beim Institut für Hirnforschung an der Universität Bremen.

39 Zitiert nach dem Mitschnitt der Veranstaltung am 8. Mai 2018 im Dresdner Kulturpalast, MDR, »Kultur im Radio«.

40 Zitiert nach dem Mitschnitt der Rede bei https://m.youtube.com. Kyffhäusertreffen 2018 – Rede von B. Höcke.

41 Alle Zitate aus dem o. g. Mitschnitt.

42 Pressemitteilung der AfD Sachsen vom 18. 9. 2018, verbreitet von A. Harlaß, Pressesprecher der AfD Sachsen.

43 Handzettel im Original beim Autor.

44 Ullstein, 2. Auflage 2018.

45 Oskar Negt, Rede beim Treffen von Abgeordneten der drei Parteien SPD, Grüne und Linke am 18. Oktober 2016 in Berlin; »Trialog für eine progressive Politik«, abrufbar unter https://www.parlamentarische-linke.de.

46 Ebenda.

47 »Qualität der politischen Bildung an Schulen muss sich weiterentwickeln«, Staatministerium für Kultus.

48 Programme for International Student Assessment.

49 Vgl. meine Ausführungen in »Hört endlich zu«, Ullstein, 2. Auflage 2018, S. 78ff.

50 Bernd Martens, bpb-online, »Der entindustrialisierte Osten«.

51 Ebenda.

52 Zitiert nach dem Mitschnitt der Rede bei https://m.youtube.com, Kyffhäusertreffen 2018.

53 Björn Höcke, zitiert nach dem Mitschnitt der Rede bei https://m.youtube.com, Kyffhäusertreffen 2018.

54 Ich empfehle das Buch von Per Leo, Maximilian Steinbeis und Daniel-Pascal Zorn, *Mit Rechten reden*, Klett-Cotta, 2017.

55 »Dem Land fehlt es vor allem an einem, an Männlichkeit. Wir bringen diesem Land dieses eine zurück.« Björn Höcke beim Politischen Aschermittwoch am 14. 2. 2018, zitiert nach AfD Thüringen, YouTube.

56 *Der Tagesspiegel*, 28. 6. 2015, »Neues Flüchtlingsheim in Meißen in Brand gesteckt«.

57 *Der Tagesspiegel*, 10. 7. 2015, »Der Rassismus organisiert sich – aber auch seine Gegner«.

58 Deutsche Welle, DW Deutsch, YouTube, »Frank Richter: Vom Bürgerrechtler zum Oberbürgermeister?«.

59 Mirko Schmidt trat später aus der NPD aus und gründete die Sächsische Volkspartei (SVP).

60 »Landrat hinter NPD-Fahnen«, *taz*, 25. 3. 2015.

61 Zitiert nach: »Kurt Biedenkopf als Pegida-Versteher«, *Der Tagesspiegel*, 30. 12. 2015.

62 Interview mit Kurt Biedenkopf, *Leipziger Volkszeitung*, 21. 9. 2015.

63 »Scharfe Kritik an Merkels Flüchtlingspolitik«, *Frankfurter Allgemeine Zeitung*, 2. 12. 2015.

64 Protokoll des Sächsischen Landtags 3/11, S. 701–704.

65 Kurier.at: »CDU-Politiker wegen Haider unter Druck«, in Internet Archive, 13. 10. 2008.

66 Interview mit Volker Schimpff, *Leipziger Volkszeitung*, 26. 11. 2018.

67 Partei des Demokratischen Sozialismus. Sie veränderte später ihren Namen und nennt sich heute Die Linke.

68 »Ja, Sachsen hat ein Problem mit Rechtsextremismus«, *Die Welt*, 29. 2. 2016.

69 »Wie hältst du's mit der NPD? Sächsische Wähler fragen ihre Abgeordneten«, in der *Schriftenreihe Politik*, Heft 1/2005, Hille. Der Dresdner Wissenschafts-Verlag, 2005.

70 Ebenda, S. 82.

71 YouTube, unsterblich.de Bautzen.

72 Zitiert nach: Karin Schlottmann und Ulrich Wolf, »Die Würde des Amtes«, *Sächsische Zeitung*, 20. 1. 2017.

73 Steffen Kailitz, »NPD: Unrecht behalten«, *Die Zeit*, 6. 10. 2016.

74 Ebenda.

75 Ronja Ringelstein, »Der Richter von der AfD: Ein Demagoge in Robe«, *Der Tagesspiegel*, 24. 1. 2017.

76 Landgericht Dresden – 2017. Archiviert am 9. 1. 2018; vgl. Wikipedia-Eintrag »Jens Maier«.

77 Als sich Jens Maier (AfD) im Mai 2018 beim Sächsischen Staatsminister für Kultus Christian Piwarz (CDU) darüber beschwert hatte, dass eine Dresdner Lehrerin Hetze gegen die AfD im Klassenzimmer betrieben habe, musste sich diese gegenüber dem Landesschulamt rechtfertigen. Piwarz antwortete dem Politiker der AfD, ohne zuvor mit der betroffenen Lehrerin Kontakt aufgenommen zu haben. Die Lehrerin erfuhr davon über einen Facebook-Post Maiers. Die Empörung des Personalrats des Schleiermacher-Gymnasiums im sächsischen Niesky über den Umgang des Ministers mit der ihm unterstellten Lehrerin fand deutschlandweite Unterstützung. Vgl. dazu: »Lehrer aus ganz Deutschland reagieren auf Brief des Kultusministers«, *Sächsische Zeitung*, 21. 12. 2018.

78 Poggenburg verließ die AfD im Januar 2019 und gründete eine neue Partei.

79 Zitiert nach: »Entsetzen über Poggenburgs Rede«, Deutschlandfunk, 15. 2. 2018.

80 Björn Höcke beim Politischen Aschermittwoch am 14. 2. 2018, zitiert nach AfD Thüringen, YouTube.

81 »AfD feiert politischen Aschermittwoch«, *Leipziger Volkszeitung*, 14. 2. 2018.

82 Der von der Meißener CDU nominierte und unterstützte Kandidat Olaf Raschke formulierte am Abend des zweiten Wahlgangs am 23. September 2018: »Wenn wir uns nicht wirklich alle zusammen stark machen, haben wir nächstes Jahr rot-rot-grüne Bündnisse, denen ist das scheißegal, wo das hingeht. … Wenn wir für die Zu-

kunft gestalten wollen, können die uns beschimpfen, wie sie wollen, dann sind wir eben Trendsetter, das wollen wir auch sein.« Zitiert nach: »Dritte-Reihe-Flirt von CDU und AfD«, *Welt am Sonntag*, 14. 10. 2018.

83 Ich verweise auf die Studie »Wer beherrscht den Osten?« von Michael Bluhm und Olaf Jacobs und auf meine Ausführungen dazu in »Hört endlich zu«, Ullstein 2018, S. 38ff.

84 Michael Magercord im Interview mit Jo Spiegel, »Man muss über eine neue Beziehung zur Macht nachdenken«, *Deutschlandfunk*, 21. 10. 2018.

85 Ein praktisches Beispiel für den Dreischritt »Empörung – Utopie – Engagement« ist die Initiative »Bürger für Meißen – Meißen kann mehr«, die ich im Wahlkampf kennenlernen durfte. Dank ihrer erlebte die sächsische Stadt 2018 einen politischen Frühling im meteorologischen Sommer. Aus der anfänglichen Wut einer Handvoll von Meißnern über das bürgerferne und lobbygeleitete Agieren der politisch Verantwortlichen entwickelte sich eine parteiübergreifenden Gruppe von über 70 Personen, die sich regelmäßig treffen, selbstständig Ideen entwickeln, die wichtigen kommunalpolitischen Themen diskutieren und effektiv Einfluss nehmen.

86 Ebenda.

87 Rechtlich gesehen konnte die DDR gar nicht beitreten. Formell musste es zunächst zur Wiederbegründung der Länder Brandenburg, Mecklenburg-Vorpommern, Sachsen, Sachsen-Anhalt und Thüringen kommen, bevor diese in die Bundesrepublik eingegliedert wurden.

MIX
Papier aus verantwortungsvollen Quellen
FSC® C014496
FSC
www.fsc.org

ISBN 978-3-550-20035-9

Gesetzt aus der Adobe Garamond
und Helvetica Condensed
bei LVD GmbH, Berlin
Druck und Bindearbeiten: GGP Media GmbH, Pößneck
Printed in Germany